善雅之道

主　编　张明叁
副主编　郭秀霞　窦婷婷
编　委　薛金岭　王宗亮　苗克玉
　　　　王新委　陈　霞

中国海洋大学出版社
·青岛·

图书在版编目（CIP）数据

善雅之道/张明叁著. --青岛：中国海洋大学出版社，2022. 4

ISBN 978-7-5670-3131-9

Ⅰ. ①善… Ⅱ. ①张… Ⅲ. ①小学－德育工作－青岛－文集 Ⅳ. ①G621-53

中国版本图书馆CIP数据核字（2022）第057500号

善雅之道 SHANYA ZHI DAO

出版发行	中国海洋大学出版社
社　　址	青岛市香港东路23号　　邮政编码　266071
出 版 人	杨立敏
网　　址	http：//pub.ouc.edu.cn
订购电话	0532－82032573（传真）
电子信箱	2586345806@qq.com
责任编辑	矫恒鹏　　电　话　0532－85902349
印　　制	青岛北琪精密制造有限公司
版　　次	2022年4月第1版
印　　次	2022年4月第1次印刷
成品尺寸	170 mm × 240 mm
印　　张	14
字　　数	216千
印　　数	1—1 000
定　　价	52. 00元

发现印装质量问题，请致电 0532-88152777，由印刷厂负责调换。

行善立德　学雅养正

——写在《善雅之道》成书为序

中华民族的儒雅风范已有几千年的传承历史，“善雅”文化是中华传统文化的核心和精髓，它在提高个人操守、规范文明礼仪、行为习惯等方面仍具有很好的指导意义和借鉴价值。当今社会存在的诸多不良风气，很大程度上是因做人的基本操守、待人接物的基本礼仪和行为习惯方式方面的因素所致，而反映到少年儿童身上，就是基本道德规范的缺失。

我校地处城乡接合部，偏远地区的外来务工子女较多，他们的学习基础和日常行为习惯千差万别，家庭教育水平参差不齐。这就需要我们从基本要求和基础规范抓起，为迅速改变这一现状，2019 年 7 月学校申报了青岛市“十三五”规划课题“构建小学善雅教育育人体系的研究”，同年 12 月获批立项，2020 年 4 月举行了线上开题会并提交了中期研究成果。

善是教育在伦理纬度上的要求，是美德的核心素养，也是社会主义核心价值观个人层面的修身内容。雅是教育在行为科学纬度上的标尺，是做人处事高尚的目标追求，是德智体美劳行为规范和全面发展的内外呈现。近年来，我校把“培根铸基兴校，善心雅行育人”着重做实，致力把善雅的核心素养深植师生心田，依据小学生认知特点和成长规律，善雅教育活动和举措倡导易学易做，求新求效，滴水映日，小中见大。全体师生和家长不断积累和探索，坚持“学、养、行、扬、做”的五字方针，让善雅教育之道越走路越宽，在全校形成了“学善文雅规，养善心雅习，行善举雅为，扬善风雅趣，做善人雅士”的特色办学格局。全校师生奔有目标，干有方向，行有规范，做有尺度。“五善五雅育新人”成为我校的兴校、立校之道。

我们坚持以课题为引领，播撒真善美的种子，内善于心，外雅于形，用善雅文化引领全校师生、家长不断成长，在研究与实践中日渐丰富完善，逐步形成具有校本特色化的“善雅”教育体系。“存善心，行善举，事善能，扬善学”是我们善雅教育的主题，培养我们的学生具有“举止文明、浩然正气、品德高尚、理想远大、终身学习、全球视野、独立人格、社会责任”的大国公民意识。

我们坚持“德智体美劳”五育并举，为党育人、为国育才，力求通过环境育人、学科育人、活动育人，充分尊重师生的主体价值，激发师生的最大潜能，引导广大师生积极争做“善雅好少年”“善雅好老师”“善雅好家长”，努力打造“善雅好课堂”“善雅好社团”，使学校在一个螺旋式上升的发展轨道上，站得更高，走得更稳。用我们教育的真心，实实在在为孩子们的成长、为家庭的幸福、为国家的发展，多做打好基础的事情。

本书展示的是在我们学校教师、学生及家长之间发生的一个个善雅好故事，旨在我们区域乃至全社会传播正能量，积极践行社会主义核心价值观，成就全校师生，造福一方百姓，为办好人民满意的教育，为实现中华民族伟大复兴，推动构建人类命运共同体，贡献我们的教育力量。

青岛西海岸新区海滨小学校长　张明叁

目录

·学雅文雅规·

·养善心雅习·

·行善举雅为·

·扬善风雅趣·

·做善人雅士·

·善雅回眸·

·附　录·

学雅文雅规

关注学生的可持续发展，让善心雅行好习惯伴随学生一生

青岛西海岸新区海滨小学　张明叁

苏联教育家马卡连柯告诫过我们，如果儿童的早年不能受到合理的教育，让他们养成了不良的意识和习惯，那将给以后的再教育带来几倍、几十倍的困难。因此，我们始终认为，不能促进学生良好习惯养成的教育，不是完整的教育。在教育学生过程中，我们始终坚持立德树人，根据小学生的生理、心理特点，狠抓良好学习习惯和文明行为习惯的养成，培养学生从小养成善心雅行的好品质，关注学生的可持续发展，取得了明显成效。

一、注重规章制度的建立和落实，规范学生具体行为

近年来，我们结合《中小学生守则》《小学生日常行为规范》和社会主义核心价值观教育等内容，学校每学年都不断修订完善《小学生一日常规》《班级百分竞赛细则》，针对不同学段的学生在学校的行为、在家中的行为、在社会上的行为提出了明确而具体的要求，对小学生的一日学习和生活的各个方面做了细致的规范，形成了可操作性强的行为准则。

学校要求各班级每周一固定时间组织学生集中学习这些规则，引导学生从生活、学习的每一个细节做起，从正反两个方面认识形成好习惯的重要性，严格规范学生的日常行为，最终达到强化成习惯，习惯成自然的教育效果。

二、开展养成教育强化训练，促进善心雅行好习惯教育经常化

我们以小学生日常行为规范教育为切入点，积极开展善心雅行好习惯教育训练活动。根据小学生的日常表现，坚持“每月一主题”“每周一训

练”，不断加强对学生学习方法的指导，培养小学生养成“课前认真预习、课上主动学习、课后及时复习”的良好习惯，指导小学生科学地安排课外时间，培养小学生的自主学习习惯，引导学生努力做到“五个一”：提出一个不懂的问题，发表一个不同的见解，参加一次讨论，做好一次试验，获得一次成功的体验。加强对学生良好行为习惯的指导，特别是卫生习惯、文明礼貌习惯、课间活动习惯、集会习惯、入校习惯、路队习惯等；严格实行静校制度及路队制度，规范家长接送制度，加强学生的安全教育。通过常规训练，反复抓，常抓不懈，直至学生养成良好的行为习惯。

三、以强化监督为保障，确保善心雅行好习惯教育的实效性

我们十分注重加强小学生日常行为规范的检查、督促，学校各职能部门积极配合，值班领导、值日教师、少先队执勤队员、后勤职工均参与检查、督促。学校少先队还专门成立了学生日常行为文明监督岗，狠抓学生养成教育，结合自查、必查、抽查等形式，对学生上课、做操、集会、排队、课间行为、放学路队各方面进行全程监督，在学校宣传栏定期开展学生日常行为评比达标比赛，每学期都评选善雅好少年。让好行为上榜，起规范引领作用。努力做到天天抓、周周抓、月月抓，坚持每天一总结，每日一通报，一周一评比，一周一表彰，形成一种相互监督、相互学习、取长补短的浓厚氛围。

四、以活动为载体，促进善心雅行好习惯教育具体化

我们定期设计、组织丰富多彩的教育教学活动，将善心雅行好习惯教育细化到教育教学的每一个环节。

（1）积极开展纪律、卫生、安全和法制教育活动。充分利用校园广播、班级墙报、黑板报和宣传栏向师生进行法制、安全和卫生宣传教育，积极弘扬正能量，努力营造学校精神文明建设的良好氛围。同时，安全教育常抓不懈，通过《致家长一封信》、安全知识竞赛及各种安全应急演练等多种形式对全体学生进行纪律、安全教育，让学生珍爱生命，热爱生活，快乐成长。

（2）以理想、信念、责任、合作、感恩、诚信、友爱等专题教育为内容，以主题班会的教育引导和各类实践体验活动的深化为渠道，开展社会主义核

心价值观教育；通过主题演讲、征文比赛、国旗下讲话等形式，丰富德育的时代内容，开展社区服务和社会实践活动，实施“中小学生社会课堂计划”，激发少年儿童爱党、爱国、爱家乡的美好情感，使思想道德教育成为学校活动的永恒主题。分别组织了“学党史、知党恩、跟党走”主题教育活动；“放飞梦想，走进大学校园”参观青岛港湾技术学院活动和“新区发展我成长，家乡发展我进步”研学体验活动。学生参与热情之高，给了我们深深的思索：“让学生生动活泼、主动发展”不应该成为一句空话。

（3）开展善雅好习惯达标活动、养成教育签名活动以及“好习惯伴我行”系列活动，将行为习惯的养成教育贯穿于教育教学工作的全过程，将养成教育渗透到了学生学习、生活的每个细节，共同营造“真实情景中的养成教育”。例如，为了让学生们体验“明星”就在身边，“榜样”就在眼前，我们开展了“评善雅班级、善雅少年，学身边榜样”活动，组织学生在身边同学中评选出“学常规、守规范行为标兵”，将这些小明星的照片贴到宣传栏中，让学生感受到“榜样”就在身边，我们身边每个人都有闪光点，每个人都可以成为别人学习的榜样。

（4）我们还本着“学科课程打基础，活动课程增兴趣，兴趣活动求发展，竞赛活动展特长”的原则，坚持“人无全才，人人有才，因势利导，人人成才”的人才观，组织每周二下午的善雅好课程选修活动，每月一次的学生才艺展示，每学期一次的田径运动会，每学年一次的学生感恩教育等活动，举行了课间舞、跳绳比赛、校园十佳歌手等比赛。每一次比赛，每一个活动，都使学生的个性得到了张扬，为学生全面发展提供了广阔的舞台。

（5）让阅读成就梦想，让读书成为习惯。为了让学生亲近书籍，拥抱梦想，让好书伴随学生成长，我们学校力求营造一种“读好书、好读书、读书好”的文化氛围。学校组织开展了“读、写、诵、讲、演”习惯培养活动，不断提升小学生的人文素养。学校通过落实学生每天的读、写、诵、讲、演的时间，建立班级图书角，开展读书讲座，推荐必读书目，排演书中的故事等方式，引导学生潜心读书，帮助学生学会选择书籍，掌握一定的读书方法，养成良好的读书习惯。学生在系列活动中，不断地丰富阅读技巧，也充分感受到了读书的快乐。我们坚信，以时间为土壤，以书为阳光雨露，孩子们的一生一定会绽放出绚丽的生命之花。

（6）在学生、教师中开展快乐教育活动。学校一切工作的出发点和归宿点都是为了学生愉快的发展。让学生在愉快中求发展，在发展中求愉快，二者互为动力，互为目标。我们在教师中积极倡导快乐教育，教育学生乐于读书，勤奋为乐；乐于服务，助人为乐；乐于锻炼，健体为乐；乐于交往，合作为乐；乐于参与，实践为乐；乐于开拓，创新为乐。教师也可以在快乐教育中，成就自我，身心愉悦。全校广大师生在快乐的工作生活和读书学习中内化习惯，提升素养。

五、注重学校、家庭、社会的齐抓共管，巩固养成教育成果，关注学生的可持续发展

小学生的好习惯教育离不开家庭和社会的支持和配合，我们也一直坚持家校一体，共同施教。在学校里，老师严格要求学生，为学生成长建立家校联系卡，为学生建立成长档案。记录学生在校、在家情况，既方便家长了解学生在校表现，又方便教师了解学生在家的表现，确保习惯养成教育的无空隙对接，巩固养成教育成果；学生回到家后，家长对孩子也严格要求，不断督促和强化他们防止坏习惯的滋长，以便于继续深化养成教育，并让教育在实际的生活中得以运用。例如，要求学生在家长的监督下完成“十个一”活动，在家里做一项力所能及的家务、看一本好书、说一句关心的话语、写一篇日记。这样，家长和教师达成一个共识，目标一致，共同完成教育孩子的目的，收到事半功倍的效果。我们还组织人员到学生所在的村庄和社区了解学生在社会上的表现，征求村委会和社区对教育的意见和建议，以便我们及时调整教育重点和方法，让每一个小学生都做合格的小公民。

今后我们将继续加强学生善心雅行好习惯教育工作的研究和探讨，不断创新对学生养成教育的方式方法，用敬业、精业、乐业的教风培育勤学、善学、乐学的学风和各具特色的班风，培养好每一名学生，带好每一个班级，当好学生健康成长的引路人，切实关注学生的可持续发展，让善心雅行好习惯伴随学生一生。

拓宽传统文化实施途径
培育善心雅行时代新人

青岛西海岸新区海滨小学　郭秀霞

中华民族的儒雅风范已有几千年的历史传承,“善雅”文化是中华传统文化的核心和精髓,在学习传统文化过程中,我们将培育“善心雅行时代新人”作为核心目标,结合教学研讨、课程开发、传统节日和课题研究,在拓宽传统文化实施途径上做了一些尝试。

一、聚焦传统文化精粹,创新教学研讨模式

从研读教材入手,依据教材既有内容,去挖掘、拓展,不断探索适合师生发展的教学研讨模式。

1. 多形式研读教材,丰富文本内涵,体现传统文化的深度

《中华优秀传统文化》六本教材,从文本体例上来看,可以分为低、高两个学段;内容编排基本一致,只在某些版块稍有出入。我们根据体例不同,将任课老师分成两个教研组,采取分段教研和合组大教研的形式,研读教材,深挖文本内涵,凝聚教师智慧,将传统文化读深读懂。

主要采取以下几种形式开展活动:

(1)秀一秀古文朗读。在学段教研中,我们要求每一位传统文化老师都要过古文朗读关,从读音、节奏两方面入手,把文章读准、读通、读连贯,读出情感。

(2)谈一谈自我认知。教师个人的文化素养水平直接影响着传统文化课堂教学的效果,教研活动的第二步就是教师独立解读文本,在教师个人初步理解的基础上交流讨论。

（3）挖一挖文本内涵。古文的内涵本就丰富，但教师的文化素养参差不齐，在活动中集体深挖教材，就弥补了教师个人“单打独斗”的缺陷。例如，对二年级《俭以持家》中“一粥一饭，当思来之不易”的理解，老师们就挖掘出了它的古今联系，从古代节俭持家到现在光盘行动，赋予文本更丰富的内涵。

（4）辩一辩学段重点。六本教材根据不同学段学生身心发展的规律，在内容编排上有不同的侧重点。我们采取学科组大教研的形式，通过研究不同学段的课例让老师们明确学段目标和重点。

2. 多渠道搜集资料，拓宽教材外延，增加传统文化的宽度

传统文化教材的内容相对单一，只依据教材去深挖是远远不够的，我们在备课时采取多渠道搜集资料的措施，拓宽教材外延，增加传统文化的宽度。

（1）以文本知识点为核心，借助网络、图书展开搜集。或搜集文本背后的故事，或了解汉字的演变，或拓展壁画的故事等。

（2）立足教材“链接七巧板”“延伸阅读”等版块，借助民间和社会资源展开搜集。例如：五年级延伸阅读文化长廊“造纸术”版块，我们就是借助城市阳台“非物质文化遗产”研学基地来进行资料搜集；低学段的“剪纸说理”版块，我们直接将当地非物质文化遗产传承人请进校园，和学生面对面交流。

3. 多角度展示课堂，激发师生潜能，实现传统文化课堂的灵活度

在课堂教学中，我们针对不同学段采取不同的教学策略，使课堂既有灵活度，又有趣味性。

（1）配乐朗诵让学生体会古诗文的音韵美。诵读在传统文化的传承中起着关键的作用。在教师泛读、学生反复朗读的基础上，尝试配乐朗诵，在读中感悟古文的音韵美。（我们还在学校微信公众号上专门开辟出古诗文配乐朗诵专栏，展示学生朗诵作品）

（2）小小故事会给学生展现自我的大舞台。为充分体现学生的主体地位，我们选取传统文化中喜闻乐见的故事，让学生讲一讲，在讲和听中使学生受到传统文化的洗礼。

（3）演一演，实现了理解基础上的再创造。对于小学生来说，表演是他们喜欢的展示形式之一。传统文化中不乏故事性强的内容，让他们在理解的基础上去揣摩人物的言行、心理，再用表演的形式表达出来，实现文本的再创造。

（4）视频播放和微课运用增加了课堂的趣味性。传统文化的内容很多都拍成了动画片或影视剧，根据课堂教学需要，适时播放视频；微课的运用主要体现在难点的理解上，如故事的历史背景、文本的深度解读，一般借助微课来实现。

二、借助校本课程开发，提升传统文化素养

我们在引导师生上好传统文化课的前提下，有计划地开发了“书法”和“对联”等校本课程。

1.“书法”校本课程引领学生认真书写、踏实做人

汉字和以汉字为载体的中国书法是中华民族的文化瑰宝，是人类文明的宝贵财富。在传统文化教材中，不同学段都有“认识汉字”“书法欣赏”等内容，我们在此基础上，开发出书法校本课程。以提高汉字书写能力为基本目标，融入书法审美和书法文化教育。激发学生热爱汉字、学习书法的热情，增强文化自信与爱国情感。

2.“对联”校本课程用传统文化启迪智慧、汲取营养

在传统文化教材中，有很多朗朗上口的小韵文，其中的很多句子，就是对仗工整的对联。例如，“朝起早，夜眠迟”“学而不思则罔，思而不学则殆”等。鉴于此，我们开发了“对联”校本课程，引导学生探索对联用语的精妙和内涵的丰富，汲取传统文化营养。

三、依托传统节日活动，传承中华民族精神

中华传统节日与民族精神传承息息相关，我们精心设计传统节日活动，让学生在活动中获得民族精神教育，提升民族自豪感。

（1）节日活动增强仪式感。每到传统节日，教师就会精心设计活动，让

学生从不同的角度学习传统文化知识，掌握各种节日的技能。如春节剪窗花、写春联，不但能锻炼学生的动手能力，还能增强节日的仪式感。

（2）经典诵读激发民族自豪感。每逢传统节日，我们会搜集适合学生诵读的古诗词，开展经典诵读活动。清明时节，读一读《清明》《途中寒食》；端午节，朗诵《端午》《屈原塔》；中秋节，来一首《水调歌头·明月几时有》；九九重阳，一代伟人毛泽东的《采桑子·重阳》在校园回响……经典诵读，将传统文化和传统节日有机融合，激发了学生的民族自豪感。

四、聚焦“十三五”课题研究，培育善雅时代新人

在我国传统思想文化中，“善”是一种思想，更是这种思想引领下的行为。“雅”，源于《诗经》，中华五千年文明史，本身就是一篇雅乐华章。

我们结合学校发展现状，扎根中华优秀传统文化，于 2019 年 12 月确立了市“十三五”规划课题“构建小学善雅教育育人体系的研究”，去年 4 月举行了线上开题仪式。

课题立项以来，我们细化善雅课题的内涵，倡导学生学善事、存善心、行善举、扬善风、做善人，培养学生学雅规、养雅习、讲雅言、塑雅品、倡雅趣。近两年来，我们已经在师生家长中开展了争做“善雅好老师”“善雅好少年”“善雅好家长”活动，打造“善雅好课堂”“善雅好社团”，使学校在一个螺旋式上升的发展轨道上，站得更高，走得更远。

2014 年 9 月 24 日，国家主席习近平在人民大会堂出席纪念孔子诞辰 2565 周年国际学术研讨会暨国际儒学联合会、第五届会员大会开幕会并发表重要讲话。他强调：“不忘历史才能开辟未来，善于继承才能善于创新。”在今后的传统文化教学活动中，我们将继续坚持“以文化人”，注重“知行合一”，不断拓宽传统文化实施途径，努力培育善心雅行时代新人。

根植研究性学习
善雅特色助力可持续发展

青岛西海岸新区海滨小学　窦婷婷

青岛西海岸新区海滨小学是一所山东省规范化学校，她坐落于美丽的峄山河畔。近年来，学校根植研究性学习，依托“善雅”教育特色打造，开创了一条适合师生可持续发展的新路径。

一、着眼顶层设计，着力“三个一”

学校着眼顶层设计，完善制度建设，确保课时和师资到位。

一张严密的管理网。组成了由领导小组、研究小组及教研组组成的三级教研网络。

一段固定加灵活的研究课时。采用课内综合实践活动课、社团活动、课外探究实践相结合的原则。适当增加“大主题、长作业”的活动主题，保证每个学生每学期深度完整参与一个活动主题的研究过程。

一支多学科整合的教师队伍。研究性学习跨学科、跨领域的高度综合性对教师提出了更高的要求，在师资方面，除本校辅导教师外，我们还与青岛港湾学院等大学和社会力量合作，邀请有特长的大学生或专家到校进行研究性学习指导。

二、加强师资培训，促进能力提升

在研究性学习中，教师的引导促进作用毋庸置疑。因此，学校通过“走出去、请进来、骨干引领”三条途径进行师资培训。

（1）走出去：争取机会选派骨干外出学习，提高教师专业水平。

（2）请进来：邀请专业力量对教师进行全员培训。先后邀请了青岛港湾学院孙林波船长做艺术绳结讲座，邀请北京大学傅骞教授进行米思齐创意电子培训，邀请美科科技公司的盛凯工程师开展“创客教育培训”，为研究性学习提供了技术支持。

（3）骨干引领：发挥骨干教师的引领作用，通过讲座培训、出示示范课、集体备课等方式，解决在指导研究性学习过程中的困惑。

三、立足善雅特色，构建研究性学习体系

为了把研究性学习与学校特色、课程开发等有机结合，促进师生共同成长，我校构建了“一三六”研究性学习体系。

1. 围绕一个主题

以“构建小学善雅教育育人体系的研究”课题研究为基础，围绕“学雅养正　善心雅行”这个主题，全面构建具有学校特色的研究性学习体系。

2. 遵循三条主线

第一条主线：人与自我，包括在生活技能和劳动技术方面展开研究性学习，养成对自己负责的生活态度。

第二条主线：人与自然，包括结合周围的自然环境，开展一系列研究性学习，了解人与自然相互依存的关系。

第三条主线：人与他人和社会，包括对非遗文化和乡土文化开展研究性学习，传承优秀传统文化。

3. 开拓六大研究领域

结合西海岸新区的地理优势和社区教育资源，我校实现“班班有课题，人人都是研究者”的目标。几年来，我们进行了持续、系列的延伸，开拓了“亲海爱海知海、传承乡土文化、走进家乡特产、关注身边生活、快乐研学旅行、有效学科整合”六大研究领域，使课内外知识有机融合、相得益彰。

亲海爱海知海。青岛西海岸新区海岸线282千米，大海和学生的生活息息相关，同学们的研究性学习也与大海密切相关。

传承乡土文化。区局推出的《我的家乡》系列乡土文化读本，让学生在了解家乡的同时，产生了浓厚的探索兴趣。

走进家乡特产。随着西海岸新区经济的突飞猛进，新区的特产也备受同学们的关注。

关注身边生活。借助社区及家庭资源，师生走进蔬菜实验基地，走进多肉植物大棚，走进海藻科技馆，走进厨房……在实践的过程中，激发了学生的探究欲望。

在新冠疫情肆虐的整个春天，空中课堂没有阻挡住同学们研究的脚步，项目式学习单使学生的研究性学习关注身边，面向世界。

快乐研学旅行，最好的学习在路上。以《青岛西海岸新区研学旅行手册》《大美西海岸　研学欢乐行》为指导，引导学生在考察探究中发现并提出问题，并进行深入研究。

有效学科整合。学校以“善雅”为轴心，融合学校教师、青岛港湾学院大学生力量及专家团队，开发出了艺体、德育、启智等几大类深受学生喜爱的课程，开设剪纸、衍纸、绳结等 15 个社团，校本化研究性学习如火如荼。

四、注重学生发展，亲历研究过程

在指导学生进行研究性学习过程中，我们努力做到“三给五转变”。“三给”，即给学生足够的思维空间和时间，给学生充足的实践活动机会，给学生正确的方法和思路。“五转变”，即由书本向生活转变，由指令性操作活动向自主探索实践转化，由获得知识结论向亲历探究过程转变，由问答式教学向学生独立思考基础上的合作学习转变，由教师单一评价向学生自我评价等多种形式结合转化。

在“三给五转变”的基础上，让学生亲历整个研究过程。

招募队员，成立课题小组；召开会议，制订活动计划；调查问卷，确定探究问题；制定方案，撰写开题报告；搜集资料，进行知识铺垫；观察日记，积累真实数据；对比试验，实践验证真知；考察采访，收获专业知识；活动评价，总结积累反思；展示交流，分享研究成果。在研究中，学生的调查能力、探究能力、搜集整理资料能力、与人合作和交流能力都得到提升。

五、研究性学习硕果累累

2017—2021 年，学校连续五年被评为青岛西海岸新区研究性学习优秀组织单位、全区小学生乡土文化研究性学习优秀组织奖。十几个研究性学习成果被评为区一等奖，七个研究性学习成果被评为青岛市一等奖，有十几名教师在研究性学习领域积累了丰富的经验，几百名学生在研究性学习中获奖，一批德智体美劳全面发展善雅好少年茁壮成长。

与善为伍，与雅同行。根植研究性学习，依托善雅教育特色，必将助力学校师生可持续发展。在今后的教育教学工作中，我校一定会在青岛市教育科学研究院和青岛西海岸新区教育和体育科学研究院的指导下，继续开展好综合实践活动和研究性学习，使之成为促进师生发展的重要途径，让校园成为师生共同成长的乐园。

聚焦“三课”育人才 善心雅行提素质

青岛西海岸新区海滨小学 窦婷婷

青岛西海岸新区海滨小学地处城乡接合部，外来务工子女较多，学生的学习基础和日常行为习惯千差万别，家庭教育水平参差不齐。为引领全校师生、家长不断成长，学校确立了“培根筑基兴校，善心雅行育人”的办学理念。为践行习近平总书记关于劳动教育的重要讲话精神，贯彻中共中央、国务院《关于全面加强新时代大中小学劳动教育的意见》，深化善雅教育的内涵，学校将劳动教育纳入学校教学计划，不断探索劳动课程资源开发，教育学生自己的事情自己做，家里的事情帮着做，社会的事情参与做，弘扬优良校风、家风和社会风气。

围绕“日常性劳动、生产性劳动、服务性劳动”这条主线，海滨小学把劳动教育与学校特色、课程开发有机结合，融合学校、家庭、社会教育资源，着力培养学生的劳动观念、劳动习惯、劳动技能、实践能力和创新精神，让劳动教育成为社会主义教育思想的有效途径，实现劳动育人。

一、劳动课程习得劳动技能

1. 劳动课堂，学习技能

在1—6年级设置劳动课，结合学生学习和生活实际，从“服务自我，服务他人和社会，服务自然”三个方面进行课程设置。在劳动课堂上老师指导基本的工具使用方法及劳动技能，引导学生学习掌握基本的劳动技能，如修理桌椅、整理书包、种植花卉等。还开设了垃圾分类等现代生活技能课程，将现代生活理念融入劳动教育之中。同时还组织骨干教师出示对标研讨课，通过听评课进行劳动教育课堂教学的研究和探索，进一步明晰课程目标，实现以育人为根本的教育目标。

2. 校园服务，自我管理

为了促进劳动教育的深入开展，让学生更多地参与到劳动教育中，学校以校园服务劳动为载体，将每周三下午第 3 节课定为全校集中劳动时间，设立各种劳动服务岗位，人人参与校园劳动服务活动。校园劳动的服务岗位包括扫地、拖地、擦黑板、摆放课桌椅、图书管理等劳动实践活动。这些校园服务劳动岗位的设置，成了学生自我管理、自我教育的有效途径。

同时，结合校园面积大、植物种类多等特色，将校园内的绿植园地划分为 20 个劳动教育责任区，在劳动教育责任区内，学生认识植物，学习植物养护知识，参与校园保洁护绿，做到“班班有劳动教育基地，人人有劳动实践机会”。利用升旗仪式，两周一次汇总班级劳动卫生评选情况，并颁发流动红旗。通过表彰活动，播撒“劳动最光荣”的种子。学生在服务的过程中体验到校园劳动的繁杂和辛苦，培养了学生“我为人人，人人为我”的劳动服务意识，在劳动中懂得了责任与担当。

3. 农业种植，体验收获

利用校园内的空地和教学楼内的露台，种植向日葵、月季花、丝瓜等植物，学生在老师的指导下，从播种到除草，从开花到结果。这是一种劳动教育，是一种生存教育，是一种着眼于当前社会发展的教育。农场种植为深度开展劳动教育提供了空间、场所、资源，在真实的场景中，劳动教育的内涵更加丰富。

4. 特色技能，传承文化

此外，学校还结合校本教材和社团活动，结合地域和学校特色，对学生进行特色劳动技能——绳结指导。

绳结，既有其实用性，又有艺术性，与广大人民的生活、娱乐有着不可分割的联系和情节。青岛西海岸新区海岸线绵长，自古渔业发达，有结绳织网的悠久传统。海滨小学与青岛港湾学院组成共建单位，学校老师和航海系大学生参与开设了绳结社团活动。一根普普通通的绳子，在学生的手中结成水手结、平结、8 字结、缩帆结、丁香结……绳结课程的开发，培养了学生动手能力和审美能力，实现劳动教育、民族文化、海洋文化的有机融合。在社团活动的基础上，学校开发的校本课程“结趣生花”被评为青岛市优秀课程。

二、劳动课堂，训练劳动能手

“一屋不扫，何以扫天下”，这句话很贴切生动地说明了生活技能教育的重要性。从学生的劳动习惯入手，满足基本的个人生存需求，不给他人增添麻烦。学校开设了家务劳动课堂，家校联手协同合作，指导学生每天参与家务劳动，争做家务劳动小能手，养成基本的劳动习惯，掌握基本的劳动技能。

开展“自助自理我能行”活动，引导学生自己刷鞋子，整理房间，换床单、枕套、被套等，服务自我；开展“家务劳动我能行”活动，开展“面团变变变”“凉拌菜”“水果拼团”“家常热炒”等系列家务劳动活动，在参与家务劳动的同时，深化了善雅教育的内涵；开展“劳动创造美 喜迎幸福年”活动，引导学生用劳动迎接幸福的新年，表达对美好生活的祝福和期盼；开展“晒晒我的家 争做美丽庭院小能手”劳动实践教育活动，孩子带动家庭，家庭带动社会。通过开展一系列家务劳动课堂，让学生在家务劳动中锻炼自己、理解父母、学会珍惜，激励学生用自己勤劳的双手去创造美好的未来。通过开展一系列家务劳动课堂，家校携手，使劳动教育有效渗透到学生日常生活中。

三、走向课外，拓宽劳动外延

劳动教育的内容不仅是服务自己，而且还需要服务他人、服务社会。这种服务意识和技能需要在教育实践中不断培养。学校把劳动教育与少先队活动相结合，家长参与并指导志愿服务活动，开展“大手拉小手”公益活动，走进城市阳台、公园、社区、街道捡拾垃圾、清理小广告；走进敬老院擦玻璃、打扫卫生，准备精彩的节目与爷爷奶奶联欢；在植树节到来之际，参与植树绿化活动……一系列志愿公益活动，让劳动教育从学校、家庭走向社会。在此基础上，充分利用学校微信公众号对师生、家长的劳动成果进行宣传，树立典型。通过参与志愿服务活动，健全了学校、家庭、社会联动机制，激发了学生参与劳动的积极性，形成了良好的劳动教育大环境，使劳动教育的外延不断扩展，让学生更好地了解和关注社会。

马克思说：“劳动创造了美。”在 2018 年 9 月 10 日召开的全国教育大会上，习近平总书记强调：“要在学生中弘扬劳动精神，教育引导学生崇尚劳动、尊重劳动，懂得劳动最光荣、劳动最崇高、劳动最伟大、劳动最美丽的道理，长大后能够辛勤劳动、诚实劳动、创造性劳动。”

在“善雅”教育的引领下，海滨小学开发学校、家庭、社会劳动教育课堂，通过开展“日常性劳动、生产性劳动、服务性劳动”，学校环境干净整洁，学生掌握了一定的劳动技能，实现“劳动育人”的目的，服务自我、服务他人、服务社会的意识不断增强，综合素养得以不断提升，一大批海滨“善雅好少年”正在茁壮成长。学校将在劳动教育课程资源开发方面进一步探索，让学校、家庭、社会的劳动课堂资源更加丰富。海滨小学的“善雅课程”，用她独特的魅力点燃了海滨孩子多彩的人生，海滨师生在劳动教育与实践的道路上创造着、享受着、成长着。

以梦为马 阔步向前

青岛西海岸新区海滨小学　赵福菊

阳春三月，草长莺飞，到处一片春意盎然的景象。三月份是学雷锋月，海滨小学秉着以立德树人、善心雅行的教育理念，引领教育我们的学生争做善雅好少年，让每一位老师成为善雅好老师，润泽心灵，提升素养，塑造人格。3 月 5 日，海滨小学为引导全体少先队员传承雷锋精神，践行社会主义核心价值观，在全体少先队员中开展了“践行雷锋精神，争做善雅好少年”系列活动。

雷锋是一面旗帜，我们一直都在传颂着雷锋故事，他的精神感染着一代又一代的少先队员，书写自己雷锋精神的时代赞歌。

我们二年级正好学习《雷锋叔叔，你在哪里？》一课，对现在二年级的孩子来说，可能知道雷锋，但雷锋精神，钉子精神，雷锋出差一千里，好事做了一火车，等等，雷锋平生的事迹和感人的故事并不知道得太多，为了让孩子更好地理解，课前我搜集了雷锋的生平事迹和故事，课堂上读给孩子听，我的普通话并不标准，可孩子们听得那么专注，那么入神，眼睛一眨不眨地听着，还不时地点点头迎合我，平时还有个别孩子走神，这节课我都被孩子们感动了，不时还发出“啊”等感叹声。当我读到雷锋用自己的津贴费为一位丢失车票和钱包的大嫂买车票，送大嫂上车，大嫂说：“同志，你叫什么名字，哪个单位的，我好把钱给你寄去。”雷锋笑道：“我叫解放军，就住在中国！”读到“我叫解放军，就住在中国”时我自己感觉声音哽咽，此时，看到我们班几个孩子眼含泪花，眼红了，我知道孩子懂了，感化了，知道什么是雷锋精神，挤和钻的钉子精神，向雷锋同志学习，进一步对孩子们进行思想教育，珍惜现在的美好生活，乐观向上，积极进取，具有不怕苦、不怕累的钉子精神。生活中勤俭节约，不挑吃，不挑穿，不浪费。学习中热爱学习，刻苦钻研，具有“学而不厌，锲而不舍”的钉子精神。我们要乐于助人，互帮互助，无私奉献，从小事做起，从我做起。做新时代的雷锋，做海滨善雅好少年。

课堂上，我们班的李靖熙同学站起来跟我说：“老师，我要做生活中的活雷锋。”“真棒，好孩子”，我由衷地表扬了她，其他孩子也跟着说：“老师，老师，我也做生活中的活雷锋。”我激动地说：“孩子们，太棒了，我们都做生活中的活雷锋！”是啊，每个孩子，都是好孩子，我们要正确引导，鼓励孩子，都会成为新时代的善雅好少年！海滨小学善雅好少年。

沿着长长的小溪，寻找雷锋的足迹。雷锋叔叔，你在哪里？……

顺着弯弯的小路，寻找雷锋的足迹。雷锋叔叔，你在哪里？……

乘着温暖的春风，我们四处寻觅。啊，终于找到了——哪里需要献出爱心，雷锋叔叔就出现在哪里。

这节课，孩子们真正理解了，懂了雷锋精神！

李靖熙同学担任班长，各科学习成绩优异，她不仅学习成绩优秀，乐于助人，有强烈的集体荣誉感和工作责任心，平时严于律己，无论谁有困难，都去帮助，就是这样的一个女孩，乐观，活泼，人缘特别好，谁的橡皮没有了，铅笔没有了主动借给他，谁有不会的题，不认得字，主动教会他们，班级卫生不好，组织同学打扫，班级纪律不好，严格要求同学，在她的带领下班级纪律非常好。有哪位同学摔着了，伤着了，马上去安慰帮助，记得毛明轩同学课间操腿不敢走，李靖熙主动先报告老师，扶着进教室，看看有没有受伤，尽心尽力地为班级做事，为同学做事，我们班级每一位同学都夸她，向她学习。

习近平总书记强调：“雷锋是一个时代的楷模，雷锋精神是永恒的。2018 年 9 月 28 日，习近平总书记来到抚顺，向雷锋墓敬献花篮，参观了雷锋纪念馆，习总书记指出：实现中华民族伟大复兴，需要更多时代楷模。我们既要学习雷锋的精神，也要学习雷锋的做法，把崇高理想信念和道德品质追求转化诶具体行动，体现在平凡的工作中，作出自己应有的贡献，雷锋精神代代传承下去。”

以梦为马，阔步向前。海滨善雅教育，善心雅行引领我们做新时代的雷锋。

我和学生“斗智斗勇”学语文

青岛西海岸新区海滨小学　窦婷婷

二十年前,怀着对教育事业的憧憬,我成为一名小学语文老师。可能与我自己的性格有关系,不管做什么事情都追求完美。在教学中也是这样,我总是希望学生都能够完美地成长、发展。然而,理想很丰满,现实很骨感。在现实的教学中,我遇到了形形色色的学生:聪明的、理解能力强的、勤奋的、懒惰的……怎样把他们都吸引到我的语文课堂中来呢?教学成了我和学生无休止的“战斗”,有时候感觉身心俱疲,却没有收到预期的效果,这让我一度对自己的教学产生了深深的挫败感。后来,经过慢慢地探索,有了很多“柳暗花明又一村”的豁然开朗,也收获了和学生“斗智斗勇”学语文的乐趣。

教一年级语文的时候,有一段时间学生的书写质量不高,我天天板着脸,重写重写再重写,却没有多大的效果,学生厌倦,我更是火气十足,甚至有形成恶性循环的苗头。怎么办?偶然发现我们班的孩子特别爱听故事,于是我对学生们说:“如果你们的作业都能认认真真地书写,做最好的自己,我就会在每天中午给你们讲一个故事。”话音未落,孩子们就用欢呼声来表达了他们的喜悦,而我更是暗自欣喜:“嘿嘿,看来这招有戏!”

此后的一段时间,学生们会经常互相提醒,一定要认真书写,从而获得听故事的机会。而我也经常把一个故事分成几个片段,有点像评书中的“欲听后事如何,且听下回分解”,想把故事听完吗?好,坚持认真书写,才能听完精彩的故事。这一招还真管用,学生的书写态度端正了,书写质量明显提高。

再后来,我就变讲故事为推荐读故事,推荐他们自主阅读《小学生课外阅读》和“快乐读书吧”中推荐的阅读书目,鼓励他们带自己喜爱的书籍到学校和同学交换阅读……孩子们读得津津有味，逐步养成了阅读的好习惯，积累了丰富的词汇。就这样，学生的书写有了进步，阅读能力得到提升，这可真是“一箭双雕”啊！

教了高年级，学校在“读书节”中开展了一系列活动，为了培养学生的阅读能力，我和学生一起制定了阅读的要求，比如找出好词佳句，写写自己的阅读感受等。按照课外读物的阅读量，规定每天的最低阅读达标量。每次检查的时候，总有那么几个学生不按要求读书。组长汇报上来，责令限期读完，组长再查。如此几个周，仍然不能调动起学生的阅读兴趣。

一次，我从剪下的衣服商标中获得启发，这些颜色鲜艳，形状各异的商标，如果做成书签，奖励给自觉主动读书的学生，效果是不是会更好呢？于是，我发动同学朋友都给我搜集衣服商标，买来了精致的细丝带，做成各种各样漂亮的书签。

周一的时候，把这些漂亮书签往讲桌上一放，学生的眼睛里满是惊喜，领到书签的学生激动不已，骄傲地在书签上写下自己喜欢的名言，小心翼翼地夹在书中；没领到书签的学生满眼的羡慕。我只说了一句：“下周一继续挑书签啊。”以后，我几乎不用为了自主阅读而和学生斗争。一名学生的家长这样给我发信息：“给老师发的书签赞一个，有心有意义！”

每天的读书笔记，我并不是收起来就算了，而是天天在教室的展示栏里进行展示，对书写认真、记录详细的学生，在班级和家长微信群中进行表扬，家长发到班级群中的读书照片，我也做成音乐相册，发布在朋友圈和家长群中，这是对学生的肯定，更是对家长坚持、配合的肯定。是的，很多时候的引导，让学生心甘情愿地学语文，这种力量要远胜过我们严厉的斥责，不是吗？

学查字典的时候，为了能让学生熟练使用字典，我写出了好多字让学生练习查。可是查的字一多，训练的时间一长，学生就失去了原有的兴趣，面对老师写出的生字，马虎敷衍了事。怎样能让他们重新燃起学习的兴趣？我尝试让他们查自己的名字，查爸爸妈妈的名字，查老师的名字，查同学的名字，查家中物品的名字，查自己感兴趣的事务……在这样的学习氛围中，所有的学生都以极大的兴趣投入到查字典的练习中，查字典的技能越来越熟练。我想起苏联著名的教育家苏霍姆林斯基《给教师的建议》中的一句话："兴趣的源泉还在于把知识加以运用……在人的心灵深处，都有一种根深蒂固的需要，这就是希望感到自己是一个发现者、研究者、探索者。"可能就是因为给了学生们一个研究、探索的机会，让语文学习融入了他们的生活，所以他们才会变得好奇和活跃，语文学习也变得高效而有乐趣。

我和孩子"斗智斗勇"，实际上就是蹲下来看学生，用孩子的眼光来了解他们的需求，用孩子喜欢的方法来调动他们学习的积极性，让他们爱上语文学习，这样的课堂这不就是我们一直在追求的"善雅好课堂"吗？

“浪费”也是一种美

青岛西海岸新区海滨小学　曲艳娟

教师，是我一直向往和执着的职业。作为一名小学数学教师，我深知自己肩上的责任重大。如何能将枯燥的数学知识在课堂中生动地展现出来，让学生参与其中，乐在其中，享受其中？这是一直困扰我，并引领我不断进步成长的问题。

刚开始上班时，我总感觉小学的知识过于简单，不需要大费周章地梳理讲解。接手的第一个班级是一群五年级的孩子，没有任何小学教学经验的我，上课的时候语速很快，一节课的内容我竟然十几分钟就能讲完。可是当我布置课堂练习下去检查的时候，才发现孩子们写的简直是乱七八糟，我总是深受打击。

在接下来的教学生活中，不断反思自己的同时，我会经常虚心去听老教师的课，每一节课都给我不一样的启发，原来数学课也可以如行云流水般流畅。要把时间还给学生，要舍得在课堂上“浪费”时间，要相信学生，在探索交流中总会出现不期而遇的收获。

教学就是慢工出细活，不能急躁。记得第一次讲授《鸡兔同笼》时，走马观花似地让学生尝试讨论一番后，就直接拿出我的“杀手锏”——假设法。引导学生做题时直接按照模板套入即可。可是对于能理解其中原理的学生来说，假设法确实是一种非常巧妙的方法，但是在课堂上我们所面对的学生是千差万别的，个别同学由于假设法步骤太多，总是记不住，做题时就会模棱两可，导致出错较多。我们总是习惯地认为技巧性强的方法就是好方法，殊不知这种灌输式的方法正一次次地浇灭学生思维的火花。第二次再讲授这节课时，我花费大量时间让学生自己尝试解决问题，既然让学生自己尝试，就不能只图一时之快，得让学生慢慢地尝试，慢慢地感悟。正所谓酸甜苦辣都有营养，成功失败都是收获。事实证明，这一节课的时间没有白白“浪费”，在尝试、交流、比较中孩子们都找到了适合自己的方法。过程做好了，结果就不会差。原来在课堂上舍得“浪费”时间，把空白留给学生也是一种美。

现在我的数学课上，有思维的比拼，也有对错的辩论，有积极的合作，也有巅峰的对决。看着我的学生在我的教育下一点点进步，一点点长大，我感到无比的快乐，无比的幸福。如今的教学和我们儿时接受的教学方式真的是千差万别，我们机械的模仿和固定的思维已经不能被这些小精灵所接受和满足，他们个个使出浑身解数，在展示自己的个性思维和奇妙方法，像是在演绎精彩而又真实的数学童话故事。

学生是学习的主人，教师要根据他们的需要，充分相信他们，给予他们思维的空间，思考的时间，耐心等待，让他们充分施展自己的才智。课堂的美，往往来自自由、民主、轻松、和谐、信任、相互尊重的课堂教学气氛。学生不是接受知识的容器，而是等待点燃的火把。相信学生，尊重学生，把课堂还给学生，这才是新课改所努力倡导的。

我不禁记起了东晋陶渊明《饮酒(其五)》中的诗句，“采菊东篱下，悠然见南山，山气日夕佳，飞鸟相与还，此中有真意，欲辨已忘言。”

一笔一画学做人

青岛西海岸新区海滨小学　陈霞

书法是中华民族文化瑰宝，传承着我国古代文化和文明。古人在创造文字的时候倾注了心血和智慧，与人品、修养、气质、思想、个性等联系在一起。从某种意义上说文字不仅仅是一个符号，还是有血有肉，能够传递情感和思想的神圣使者。陶行知先生说过："我们的教育，就是要构建生活之园地，传承艺术之气息，塑造真、善、美之人格。书法这门高雅艺术抽象了天地万象之形、融入了古今圣贤之理，有提高人的道德素质、文化素质、心理素质、审美素质等多重功效。"因此我在书法教学中将写字与做人紧密结合起来，让学生在书写一笔一画间感悟做人处事的道理，在练习书法过程中增强意志力。

书法教学中，我经常把汉字和名家故事、为人处事的道理结合起来进行教学，让学生写好字、做好人。在教学王字旁的写法时，根据其结构特点和与其他部件组合的规律，我将课题改为"谦虚礼让的王字旁"。以孔融让梨的故事引入课题，让学生理解王字旁与右侧部件组合在一起时要写小，才能组合出字形和谐美观的汉字。从而让学生懂得写字和做人一样，汉字部件间的谦虚礼让使写出的字美观，人与人之间的谦虚礼让使人际关系和谐，使团队凝聚力更强；在教学汉字主笔时，为了让学生理解一个汉字中笔画的主次关系，明确一个汉字中只有一个笔画为主笔，主笔笔画要突出的特点。我问学生："在我们班级里，老师在的时候要听谁的指挥？老师不在的时候听谁的？"学生异口同声地回答："老师在的时候听老师的，老师不在的时候听班长的。"我说："看来大家都是服从管理的好同学，班里如果人人都在指挥就乱套了，就没了秩序。正如每个字里的笔画长短关系，不能都写得一样长短，要有主次，只有一个笔画是主笔，书写时比其他笔画长或者更粗壮有力。所以我们在书写时要注意控制好笔画的长短粗细变化。”于是我看见孩子们在练字过程中边思考边写，或许他们悟出了其中暗含的做人之道。

汉字的点画之间凝聚了大自然的灵气，在书法教学中寻求字形同做人处事的契合点，把写字和学做人结合起来，使学生在趣味盎然的字形结构分析中掌握写字规律，在书写一笔一画间悟出做人处事之道，将是我在书法教学中永恒的追求。

编程赛场展善雅少年风采

青岛西海岸新区海滨小学　王新委

我走出楼道，雨点落在了身上。感受着细雨给夏日带来的丝丝凉意，心里却有点嘀咕：要是雨下得太大，学生到不了校，编程集训就泡汤了。发动汽车出了小区，刚行驶到峄山路上，雨突然下大了，马路上白茫茫一片，什么也看不清。我连忙放慢行车速度，小心驾驶。到了学校停下车，先给学生发送信息，叮嘱学生下雨注意安全，不用着急到校集训，然后开始理顺集训教学内容和比赛注意事项。不多时，李佳浩和邵云祥就到校了，我说："不是嘱咐你们下雨不用着急来吗？"李佳浩应道："雨已经小一点儿了，再说，下这点儿雨，影响不了我们。"说着话就已经调试好自己的电脑，投入 ICode 编程学习中。

这是暑假学校人工智能编程集训的一个剪影，也是学校"构建小学善雅教育育人体系的研究"课题开题以来善雅学子勤奋努力的一个缩影。

自新冠疫情以来，海滨小学的信息技术社团因疫情按下了暂停键。面对挑战，根据区教科院的部署，学习其他学校的先进经验，学校筹划了线上人工智能编程社团活动，利用 ICode 为学生提供免费的编程教育和体验，并利用钉钉群进行编程教育的辅导与答疑。面对学生编程知识基础薄弱、计算思维能力不足等困难，一方面，加大对学生的培训，除学校正常的信息技术课进行人工智能编程教育外，利用中午时间开放微机室，为想学习编程的学生提供更多练习与提高的机会；另一方面以赛促训，积极参加编程比赛，我们先后参加了第三届 ICode 国际青少年编程竞赛（中国区）预选赛、2021 年青西新区中小学人工智能教育编程竞赛等。在第三届 ICode 国际青少年编程竞赛（中国区）预选赛中，共有 4 名学生获金奖，28 人获银奖，26 人获铜奖；在区中小学人工智能教育编程竞赛中，我校 10 名参赛学生中 5

人获一等奖，5 人获二等奖。

2021 年 7 月 17 日至 18 日，第三届 ICode 国际青少年编程竞赛（中国区）决赛在华东赛区（上海）、华北赛区（青岛）、中部赛区（西安）、西北赛区（石河子）、东部赛区（南京）同时举行。我带队参加了华北赛区（青岛）的比赛，在 17 日上午进行的 Python 初级组比赛中，邵云祥、李佳浩、邓皓楠、王萧哲四名善雅学子与全国的 460 多名优秀选手同台竞技。

学生进入赛场后，老师和家长在阶梯教室的大屏幕上就会看到排行榜，每当学生成功编程闯过一关得到星星奖励，排行榜就会实时显示学生当前的排名。比赛开始后，看着学生的排名在一个小时里起起伏伏，都紧张得手心攥出汗来。开始的时候邵云祥一直在前 6 名，时间过半，发现他怎么掉出前 10 名了，赶紧用手机打开排行榜找到他的位置，发现他的得星数一直没有变化，应该是碰到了比较难的关卡。我不由得更加紧张了，不停地念叨：不是嘱咐了，遇到不会的关卡可以先跳过嘛。刚念叨了两遍，排行榜刷新了，他的名字又上去了！临近比赛结束的时间是最紧张的：李佳浩开始的排名并没有太靠前，到了后半段他开始发力了，一度冲到了第 12 名，但后面的关卡难度也是很大的，比赛结束还有三两分钟，他只得了 75 颗星，已经跌出了前 20 名；还剩半分钟，就在我以为结局已定的时候，一刷新排行榜，78 颗，他又得了 3 颗星！冲到了第 14 名！我内心一阵狂喜，攥紧的拳头用力挥舞了一下。好样的，比赛最后一刻也没放弃！

最终，四名选手取得了二金一铜一明日之星的佳绩，他们不仅收获了编程知识，提升了计算思维，也锻炼了自己坚韧不拔的意志，学习的劲头也更足，让家长们看到了善雅学子的成长。

舞出善雅

青岛西海岸新区海滨小学　张玲

“有个国家她很伟大，这里山美水美风景像幅画。有个国家她很伟大这里的人都把幸福脸上挂。有个国家她很伟大，五十六个民族团结是一家。她的名字叫中国，多幸运这里是我的家……”轻快的旋律，通俗易懂的歌词，每次当我听到《名字叫中国》这首歌，自豪感油然而生。所以在学校组织六一活动时，我把它选做了我们班的主打曲。

为了能让更多的同学参与进来，我采用了歌曲串烧加手势的形式，选取了大家改编的几段积极向上、符合主题的曲目。我们在课间、吃完饭后都会放开音乐练习，先学歌曲，再学动作，一段一段地来，孩子们学习的热情特别高。我本意是觉得这是孩子们进入小学的第一个六一，争取每个人都能上台表演。但也考虑到孩子们的个性差异，最后选取了大部分的同学。在选完人后的一天晚上，我无意中看到小慧妈妈的朋友圈，都九点半了，孩子还在努力的练习，其实她那时是没有选上的。我赶紧和妈妈聊，这么晚了，让孩子赶紧睡吧。妈妈告诉我，最近回家后可积极了，写完作业就开始练，比学习都认真。这么努力的娃为什么不上台呢？所以第二天我就悄悄找她，告诉她老师看到了她的努力、认真，付出就会有汇报的，欢迎一起上台表演。看着小慧同学羞涩又兴奋的眼神，我摸摸她的头，继续加油。

俗话说，好事多磨，在节目评选的时候我才知道，有三个班和我们的节目有雷同，我有点惊讶，有点着急。按照惯例，类似曲目只能上一个，这个时间段再练习新的已经来不及了。领导还没宣布结果，孩子们还在兴奋地询问选上了没？看着他们期待的小眼神，我还是决定告诉他们，结果还没有出，有几个班的音乐和我们是相同的，可能会选不上。看着孩子们开始失望的眼神，我还没有来得及安慰和鼓励，有些同学说，老师，我们肯定是最好的，我们再继续练习，或者我们再换换。一番讨论后，我们决定不换了，时间不够用，在静待结果的同时我们在原有基础上又做了一些调整和变化。果然有困境才能激励人，我们的节目选上了。我把最终的音乐和上台人员发到班级群，利用周末时间准备下鞋子和衣服，展现出最好的姿态。

周末，我还接到了潇同学爸爸的电话，潇爸爸激动地说："张老师，我们真的选上了？我最近没顾上他，没看到他练习啊？"我确定地告诉他，是的，选上了。其实我也能理解，潇同学从一开始的上课坐不住，话多。到后来能安静地上完课，成绩也在进步中。虽然还是吐字不太清楚，并不影响他的表演啊，以前他都会说："老师，我不上。"而这次明显会看到他眼中的期待。所以为什么不呢？

每一个孩子都是含苞待放的花朵，只要我们在静待花开的时候多一些耐心，总会等到灿烂的花朵。就像歌曲唱的一样："少年朴实无华，努力学习文化，坚忍不拔，意气风发，不负韶华，励志兴华夏！"

湿地乐园大会

青岛西海岸新区海滨小学　安琪

新一届湿地乐园大会开幕了！伴随着欢快的音乐，各个动物代表方队进了会场，大家坐定之后，会场立马躁动起来，大家你一言我一语，时而寒暄，时而传出叹息声……

“安静！安静！会议马上开始了！”老麋鹿会长说，“朋友们！大家好！我刚刚受邀去参加了森林动物大会，与会人员对森林生存环境表现出了前所未有的担忧，目前正在紧急研究对策。如果说森林是地球的肺，那么我们湿地乐园就是地球的肾。湿地不仅为我们提供了赖以生存的资源，而且它在调节气候、净化环境等方面具有其他生态系统所不可替代的功能和效益。今天我们讨论的就是关于我们湿地乐园的生存环境问题！欢迎大家踊跃发言！”

话音未落，青鱼吐着气泡说：“会长您好！自从人类修建了水利工程后，他们无休止地开发利用水资源，我们的水越来越少了，很多小伙伴都离开了……”

青蛙也气冲冲地说：“是啊！人类把工业废水排到湿地乐园来！我的很多小伙伴都中过毒，而且有的已经不幸离世了，呜呜呜呜……”

动物们顿时乱了起来，叽叽喳喳地开始了议论，很显然，大家也有类似的遭遇。

老丹顶鹤意味深长地说：“我的很多鸟类朋友也是走的走，散的散，大雁兄弟说今年不回来了，它们要去寻找更好的湿地乐园。自从人类来到湿地，环境一年不如一年，如今大家伙儿聚到一起的时间越来越少了。”

“是啊，现在湿地面积正在缩小，水质也在变坏，这样下去，我们真没法活了……”动物们纷纷抱怨道。

麋鹿会长坦言说:“现在湿地保护已经到了刻不容缓的地步,下面我们就来议一议当下应该怎么办。”

蝮蛇说:“我建议给人类点儿警告,如果再让我见到愚蠢的人类,我一定给他们点颜色看看!”

江豚摇头说:“冤冤相报何时了,报复的话很难从根本上解决问题,我建议还是先从改变人类对湿地的认识开始。”

白鹭说:“我同意江豚说的,我建议写一封信给人类,告诉他们我们现在的难处,呼吁它们爱护湿地环境。”

动物们纷纷表示赞同。

大会继续进行着,大家你一言我一语,天色也渐渐黑了……

回家的路上,小水獭问妈妈:“我们真的很需要清澈的水,人类真的能听到我们的心声吗?”水獭妈妈笑了笑说:“在我很小的时候,经历过一次干旱,是一群像你一样的孩子给我送来了清水。我想,现在他们也应该长大了吧……”

难忘海滨善雅好老师

青岛西海岸新区海滨小学家委会主任　李秀芳

时光飞逝，岁月如梭，转眼间孩子的小学生活就结束了，感谢学校领导及老师们对孩子的教育和引导，使一个个天真幼稚的孩子变成了有活力、有朝气的少年，记忆的深处，总有那么一个熟悉的身影涌现在脑海里，她就是孩子的英语老师——丁宝霞老师。

丁老师朴素而又整洁，严厉而又亲切，她那戴着眼镜的眼睛里时而敏锐，时而露出慈祥的目光，她为人处事镇静，她教学幽默风趣，独具一格，深受孩子们的喜爱。每次上课之前，她都会精心地准备教案，都会带着孩子们做一个热身的小活动，调动孩子们的积极性，上课是也会不时地发一些小“奖励”，让孩子们投入到学习当中，再加上丁老师的“喜剧”天赋，让孩子们对英语这门学科产生了浓厚的兴趣。

由于孩子们的接受能力不同，针对学习吃力的同学，丁老师从不放弃任何一个学生，她深知作为老师要有耐心、责任心，深知每一个孩子都是家庭的希望。记得刚开始学英语的时候，孩子的注意力不集中、发音不标准，丁老师总会把当天的学习内容发到群里，为那些工作忙顾不上孩子的家长，或者是父母没有能力教孩子学习的家长，便于孩子学习。

清楚地记得一次英语课上，丁老发现我家孩子没有精神，小脸煞白没有表情，轻轻地走过去，一模额头很烫，知道孩子生病了，第一时间给我打电话，通知接孩子回家看病，晚上打电话询问孩子情况，嘱咐孩子好好休息，回校后再给孩子补课。她总是认真批改孩子们的作业，作业本上留下了很多老师饱含深情的批语，一句句的鼓励，是孩子们前进的动力！

丁老师还善于和家长沟通，她深知好的教育离不开学校和家长的配合，孩子们在学校的表现要时刻让家长知道，她经常电话或者微信，或者家访的形式和家长沟通，特别是寒暑假，她不怕寒风刺骨，不怕烈日炎炎，奔波在去学生家的路上。记得暑假一次家访，定好的时间，结果天气突变，一个闪电，白亮亮的雨点紧跟着落来，砸在红瓦上，嘀答嘀答地响；砸在地面上，浮起一串串的水泡。我想丁老师肯定不会来了，正当我沉思中，门铃突然响了，我赶紧跑出去开门，此时的丁老师衣服已经淋湿了，见到我的第一句话就是："不好意思，我来晚了，让你久等了。"说完，从包里拿出记事本，逐条检查孩子假期作业完成情况，并且引导孩子如何预习新课，如何巩固旧知识，如何举一反三，了解孩子在家表现如何，及时告知家长孩子在学校的情况，真正地走进家长的心里，也走进孩子们的心里，她用自己的实际行动，自己的人格魅力来影响着一批又一批的学生。

这就是我记忆中的丁老师，海滨小学的一道亮丽的风景线。感谢海滨小学每一位像丁老师一样无私奉献地"善雅好老师"，带领孩子们翱翔在知识的海洋，更使孩子们懂得了做人的道理。我们为有这样的好老师而自豪！

善心雅行，孩子在这里成长

青岛西海岸新区海滨小学家长　丁玉兰

坐落在峄山路的海滨小学，在张明叁校长的带领下，确立了“培根筑基兴校，善心雅行育人”的办学理念，引领师生、家长共同践行。学校的班级文化、走廊文化、宣传栏、文化墙……校园的每个角落都向师生、家长展示着“善雅”文化，“择善人而交，择善书而读，择善言而听，择善行而从，勿以恶小而为之，勿以善小而不为”等诸多善言雅语随处可见，润物无声。

六年级的级部主任窦老师和604班的班主任房老师，每天通过晨读的形式，让孩子们进行课前演讲，加强孩子们内心对于善雅的理解和落地，从同学们的一言一行抓起，要求孩子积极参加“日行一善”活动，可以给父母洗脚，给父母做一顿美味的饭菜，给父母揉肩、拿鞋等。从小事做起，日行一善。同时，张明叁校长亲自给孩子们上“道德与法治”课，在孩子心中播下善雅的种子，让善雅行为在实际生活中发芽，在社会上结出丰硕果实，同学们走到哪里都是海滨小学善雅教育的最好展现。在海滨小学，同学们感受乐求真知，雅正言行。海滨小学，是一座美丽的善雅园。

一场疫情打乱了我们的生活，却并没有打乱孩子们的学习，老师们用最短的时间掌握了钉钉直播技术，新学期如约开课，难忘新学期的第一次线上家长会，难忘新学期第一节空中课堂。晨读、上课、经典阅读、午练、答疑、体育锻炼、家务劳动、作业反馈……为了更好地进行教学活动，老师们付出了更多的时间和精力。

开学复课前，整个校园的卫生大扫除、消毒，布置餐厅、教室，贴“一米线”……全部由老师们利用周末时间，加班加点完成。开学复课后，张校长、各级部主任及班主任，每天早早到校，开窗通风、消毒。送走校内托管最后一个学生，还要把教室的每个角落进行消毒，连走廊和公共区域也不放过，为孩子们创造了良好的学习环境。这是一种善雅的行为带动和影响，老师们的一举一动，感动着同学们，感动着家长们，也成就了一批“善雅好少年”，传递着善雅文化，去影响、带动弟弟妹妹们。学生的一言一行，一举一动等细微处无不彰显着“善雅文化”对他们刻骨铭心的影响。

感谢张校长带头践行，感谢所有的级部主任，感谢窦老师、房老师对孩子进行价值观和人生观的引导，让西海岸新区海滨小学善雅气息越来越浓厚，孩子们越来越优秀！

好学上进 知行合一
——我的家风故事

青岛西海岸新区海滨小学学生家长　李传鸿

家是最小国，国是千万家。“立身以立学为先，立学以读书为本”，这是北宋诗人、文学家、政治家欧阳修的名言，也是我们家的家庭教育格言。读书，是努力营造的家庭氛围；致远，是引导成长的精神追求。博学之、明辨之、笃行之，知行合一，是最美的家庭教育方式。在书香的浸润中，时光也跳跃着文字的幽香。

创设浓厚文化氛围

在女儿几个月的时候，妈妈就给她读简单的诗歌，《静夜思》《咏鹅》《春晓》……

一岁多以后，女儿开始了自己的探索阅读之路，和妈妈一起阅读经典绘本和古诗卡片。空余时间，我们会经常带孩子去书店看书、买书，充实小书架。

女儿从幼儿园开始学习弹钢琴，从识谱到音阶，从简单的练习曲到优美的经典曲目，我们一路陪伴走来。优美的旋律流淌出来，是艺术的享受，文化的熏陶在孩子心中播撒下了美的种子。

争做善雅好家长

爱人是一名小学语文教师，多年来，她一直在自己的工作岗位上兢兢业业，崇尚简简单单教学、扎扎实实育人。她总是说，只有不断学习才能促进专业成长。她是这样说的，也是这样做的，每天晚上，在孩子学习的时候，她不是批改作业、备课，就是在学习，还要辅导孩子的学习。周末和假期，经常外出或者网上学习。她对待工作的认真态度，二十年如一日，在平凡的工作岗位上书写人生的精彩。

我也利用晚上的时间，坚持学习，先后考取了“社会工作师初级证书”“经济师中级证书”等，为孩子树立了学习的榜样。我们家还在2020年被评为“青岛西海岸新区绿色家庭”。

争做善雅好少年

在父母的影响下，女儿参加了舞蹈、钢琴等培训，多次参加了大型舞蹈演出、录制，多次参加钢琴演奏，努力争做“德智体美劳”全面发展的海滨“善雅好少年”。每年，我们全家都有几次长途、短途旅行，正所谓“读万卷书，行万里路”。舞台剧、电影，只要有合适的，我们都会带孩子去观看欣赏，增长见识。最好的学习在路上，学习突破课堂的局限，走向了社会大课堂。

在海滨小学这个大家庭里，我们一家人心怀“善雅”，做最好的自己，一路前行、前行……

传　承

青岛西海岸新区海滨小学学生家长　韩志成

中华民族几千年的文化源远流长，它像阵阵春风悄无声息地吹拂着整个华夏大地，无形之中渗透入了我们的家风之中。每个家，都有无形的家训、家规、家风。从孟母三迁到岳母刺字，好的家训、家规、家风不仅仅承载了祖祖辈辈对后代的期望和鞭策，也是中华民族美德的传承。

记得小时候，每逢过节，我的父亲就会带着我和母亲回老家，陪伴爷爷奶奶过节，这个习惯一直到我结婚生子后也没改变过，直到后来我的爷爷奶奶相继去世。

小的时候一大家人聚集在一起看春节晚会，吃年夜饭，我的爷爷就给我讲他小时候的故事。我爷爷家里虽然是一个大户人家，家境比较富裕，但是家教却很严：吃饭的时候，先给我太爷盛饭，太爷动筷了，他们才敢吃饭，我太爷就把好吃的给我爸吃一口。这就体现了我们家"尊老爱幼、孝敬长辈"的家风。爷爷小的时候，太爷爷对他要求很严，送他到私塾读书，17 岁就送他到青岛的杂货铺学徒做生意。禁止家里人参与赌博、吸烟。爷爷在青岛做生意期间都是诚信经营，后来镇上学校招考教师，爷爷就放弃了青岛的生意，回老家当了一名老师，教书育人。

在我眼里，虽然我的奶奶是一位家庭妇女，但她身上具备了中华民族的很多传统美德。她侍奉公婆尽心尽力，家里四个孩子都被她教育得非常好。奶奶知书达理，待人友善，乐于助人，她经常帮村里的人免费做衣服。"和为贵、孝为先、勤为宝、俭为德""踏实做事，善良待人"，这些都成了我们家的良好家风。

我的父亲也是一名教师，他的名片就是"老实"，他一直说自己吃点亏不要紧，不要去伤害别人。受爷爷奶奶的影响，他也一样喜欢帮助别人，在单位里谁家有活需要帮忙，他从来不会拒绝，总是尽心尽力地帮着做。我的母亲也是一个勤俭持家的人，记得小时候我的衣服很多都是母亲亲手做的。白天母亲在单位里干活，晚上回家总有忙不完的家务活，母亲精打细算，能省就省，很少给我买零食，家里很多东西都是用坏了才换。直到现在，每次回家我看见母亲还手洗衣服，就说："妈，你年纪大了，别再手洗衣服了，用洗衣机洗就行！"她却说："衣服少不值当，再说洗衣机哪有手洗得干净啊！"其实我知道母亲是觉得用洗衣机浪费水和电。

这些良好的家风也影响着我和妻儿。平日里我们经常会给父母打电话，问问他们在做什么？身体怎么样？叮嘱他们要注意锻炼身体。每个周末我们都会带孩子去看望双方父母，陪着他们聊天、散步，给老人买吃的、衣服和保健品。遇到节假日我们还会带孩子们去看望我和妻子的爷爷奶奶、外公外婆们，陪他们聊天，让老人享受天伦之乐。身教重于言传，我们的每一句话和每一个举动，都在影响着儿子和闺女，他们小小年纪也十分关心老人，还会给他们端茶、倒水、捶背、洗脚，逗他们开心，是他们的开心果。

我们给孩子们平时买衣服也不讲究名牌，孩子们也养成了不攀比、不浪费的好习惯，儿子和女儿过年的压岁钱除了买学习用品也从不乱花。

"读书以明理"，读书是我们家庭中的一种乐趣，传承着我们家几代人对知识文化的追求。无论是爷爷还是父亲，他们空余时间都喜欢读书，这一点也深深地影响着我。大学毕业后，我就利用空余时间不断学习专业知识，考取了全国注册一级建造师。妻子下班后，忙完家务，大多时候她总是看些有关教育类的书籍，她总说要学习先进的教育理念，不断给自己充电。勤奋才能让人上进，良好的家庭氛围培养了儿女热爱读书的好习惯。晚上妻子经常给女儿读绘本。儿子从一年级开始，就给自己定了一个"快乐阅读伴我成长"的长远读书计划，要求自己每天无论多忙，都要抽出至少半个小时进行课外阅读，并坚持写读书笔记和日记。他每年都获得学校的"读书之星""阅读小明星"等荣誉称号，我家也被学校评为"书香家庭"。除了读书，儿子还学习各种才艺：钢琴、书法、游泳等，孩子多次获得区级和校级"优秀学生""善雅好少年""优秀班干部"等荣誉称号。

"孝""俭""勤""善"在我们家成了一种习惯，我愿意传承岁月沉淀下来的精神之光，将我们家的家风世世代代发扬下去，实现我们家的幸福四大目标：和谐、文明、健康、富有。

爱与给予
——《獾的礼物》读后感

青岛西海岸新区海滨小学603班　李雨墨

暑假里，妈妈送我一本书——《獾的礼物》，这本书的作者是英国的苏珊·华莱。第一眼，我就被封面所吸引，迫不及待地一口气把它读完了，从这本书里，我读懂了爱与给予。

这是一个非常感人的故事，獾乐于帮助身边的每个人，他教给鼹鼠怎样用一张折纸剪出一长串鼹鼠；他帮助滑冰高手青蛙迈出打滑的第一步；他教给小狐狸怎样系领带；他把自己烤姜饼的独家秘方教给了兔太太，兔太太至今还能闻到刚出炉的姜饼的香味……獾是那样善良，给予每个人离别的礼物，那些礼物是一些美好的技能。獾的离开让大家悲伤，但有了这些特殊的礼物，他的朋友们也学会了互相帮助，也学会了面对他的离去。

我读这本书的时候，不由自主地想起了我的妈妈。从我很小的时候起，妈妈就教我自己穿衣服，自己穿鞋子，自己刷牙……让我学会自立。遇到小区里的流浪猫跑到我们家院子里，妈妈总是把煎好的鱼和虾，用干净的盒子装给它们吃。

还有一次，我和妈妈从文化宫回家，遇到一位盲人爷爷，正艰难地借助盲杖前行，可是盲道上到处都是电动车，这位盲人爷爷站在那里不知所措。妈妈见状，连忙跑过去，说："大爷，您去哪儿？我扶您过去吧。"就这样，我和妈妈一起把这位老爷爷送到了盲道通畅的地方，才放心地回家了。就这样，妈妈的一言一行一直影响着我。让我知道，在学习和生活中应该自立；也让我知道，我们每个人都应该在力所能及的范围内，给予别人更多的爱和帮助。

獾虽然离开了，但他留下的“礼物”却像矿藏，永远都在帮助有需要的人。

抗疫英雄 最美逆行

青岛西海岸新区海滨小学　王李子聪

2020年春节，谁也没有想到，新年的钟声即将敲响，因为疫情，春节没有了以往新年的热闹和隆重。在买不到口罩和居家学习中，等待疫情形势的好转。道路可以阻断，山河可以阻断，阻断不了的是众志成城。一批又一批的平凡人、普通人在最危急的时刻，选择了逆行而上，加入了这场没有硝烟的战争，用自己的行动发出了铮铮誓言。

一月下旬，雷神山、火神山拔地而起，这震惊世界的“中国速度”，背后是无数建设者的日夜不眠不休。医疗物资紧张，放弃休假的工人，不顾自己安危的工人，加班加点，保证了医疗物资的供应，为武汉送去了防护服、护目镜和口罩。从幼儿园的儿童，到耄耋老人，从几元零花钱到特殊党费，一笔笔捐款奔向武汉！

在这次伟大的战役里，有许多逆行者都书写着可歌可泣的故事。面对疫情，83岁的钟南山爷爷呼吁大家暂时不要到武汉，他自己却只身来到武汉，冲到了疫情战斗最前线。中国科学院院士仝小林每天都要巡视多家医院，每到一处医院第一件事就是问诊、看舌、把脉，每一个细节都不放过，更是治好了刚来时生命垂危，一度有生命危险的71岁患者。

不仅是医生，其他职务的人员也尽职尽责，海关关员胡银宽在机场和同事一起把守着境外输入的第一关，在广州白云国际机场，即使受疫情影响，每小时也有几百人入境。在排查过程中，一名回国人员引起了胡银宽的注意，从而得知他在国外居住的小区有阳性病例报告后，进而判定他可能会被感染。

国家有难，匹夫有责，生在这个伟大的国度，作为一名少先队员，我们没有轰轰烈烈的壮举，每一天的努力学习就是对逆行者最好的报答。“武汉加油，中国加油”，这也许就是我们在这个庚子年春节里说过的最多的一句话吧，致敬最美逆行者！

养善心雅习

善心雅行促成长 聚焦习惯育新人

青岛西海岸新区海滨小学　张明叁

一、理念先行，引领发展

青岛西海岸新区海滨小学，位于峄山路677号，占地面积51.9亩，现有20个教学班，57名教职工。学校以“善雅文化”为引领，坚持学雅养正，培养学生善心雅行，致力于创建一所“教育有个性、发展有特长、办学有风格”的优质特色学校。学校立足内涵发展和特色推进，将“沐善润德”德育品牌同楹联启智特色、习字正品书法特色、校园足球特色有机融合，培养学生兴趣、发展个性特长、养成良好习惯。

教师是学生行动的标杆，教师的一言一行都在潜移默化地影响着学生。我们学校十分注重师德师风建设，在全力提高全校教师师德师能的同时，着重对青年教师的培养。学校教师中，有2人被评为青岛市青年优秀专业人才，1人获青岛名师称号，2人获青岛市学科带头人称号，3人获青岛市教学能手称号，9人出示过青岛市公开课、城乡交流课、名师开放课，5人分获青岛市优质课一、二等奖。

近年来，学校被评为全国青少年校园足球特色学校，获得青岛市文明校园、青岛市高水平现代化学校、青岛市中小学阳光校园、青岛市示范家长学校等荣誉称号。

二、善雅教育为孩子们打好人生底色

1.立足背景精准分析

学校地处城乡接合部，其中有360多名同学为外来务工人员子女，这些外来务工人员子女来自全国各地22个不同省份，家庭教育参差不齐，孩子行为习惯有待于进一步养成，针对这种情况，我校提出了“善雅”教育，引领学生从小“内善于心，外雅于行，善良做人，雅行处事”。而勤俭节约教育正是善雅教育的重要一环。

2. 依托课题深入研究

针对学校现状和学生发展需求，2020 年 4 月，学校申报的青岛市教育科学规划课题“构建小学善雅教育育人体系的研究”顺利立项。主要目标是引领学校文化的构建，追求“德智体美劳五育并举，培养善雅好少年、善雅好老师、善雅好党员，打造善雅好课堂、善雅好社团”，是“真”“善”“美”教育中的重要内容。目前课题组已经在楹联启智、习字正品、学校社团活动、成长“十个一”等方面展开了相关研究。

三、多彩活动，习惯养成力促节约教育

在学校高质量发展的进程中，进一步加强宣传教育，切实培养节约习惯，在全社会营造浪费可耻、节约为荣的氛围。教育部印发“制止餐饮浪费　培养良好习惯”行动方案，推动光盘常态化。区关工委下发了“制止餐饮浪费　崇尚勤俭节约”倡议书。区教体局等十二部门联合发出的“爱粮节粮　反对浪费”倡议书。

为进一步弘扬中华民族勤俭节约传统美德，牢固树立节约光荣、浪费可耻意识。海滨小学积极行动、广泛宣传，倡导全校少先队员从自身做起，从现在做起，厉行勤俭节约，拒绝餐饮浪费，以实际行动传承中华民族传统美德。并与善雅教育紧密结合，引领学生养成节约习惯。

（一）精心组织，宣传造势

（1）逐级分解，统一认识。召开班主任会、级部会、全体教师会等会议层层传达精神，统一思想，提高认识，根据学校实际，制定“制止餐饮浪费　崇尚勤俭节约”活动方案，做到有计划，有组织，有实效。

（2）氛围营造，文化熏陶。通过主题升旗仪式，营造浪费可耻、节约为荣的氛围。召开主题班队会，牢固树立节约光荣、浪费可耻意识。利用黑板报、墙报宣传厉行节约文化，让学生们时时处处受到勤俭节约文化的教育。

（3）宣传倡议，光盘行动。海滨小学的少先队员既做“光盘行动”的实践者，又做“光盘行动”的推动者。他们利用手抄报、宣传画，宣传节约意识，制止浪费行为，让更多的人了解“光盘行动”，参与“光盘行动”。时刻谨记，做新一代好少年。

（4）郑重承诺，厉行节约。为全面营造“浪费可耻　节约为荣”的氛围，海滨小学少先大队组织开展了“制止餐饮浪费　崇尚勤俭节约”个人签名承诺活动。队员们庄重地在厉行节约的承诺书上签下自己的名字，争做勤俭节约的倡导者、宣传者、实践者和推动者。

（二）节约为荣，活动践行

（1）向浪费说“不”！“一粥一饭，当思来之不易；半丝半缕，恒念物力维艰。”树立节约光荣、浪费可耻的思想观念，海滨小学全体少先队员从自身做起，争做“光盘”达人，以“光盘”为荣，以“剩餐”为耻，做“光盘行动”的实践者。

（2）演讲展现心声。每个班级利用课前三分钟，组织学生在进行“制止餐饮浪费　崇尚勤俭节约”的演讲比赛，通过演讲把勤俭节约的理念内化于心。

（3）家校携手，崇尚节约。学校利用家长进校园、家委会换届选举、家长会等契机，携手家长，倡导节约理念。相翠英老师在海滨小学校级家委会上向入会的家长宣传节约教育，号召所有家长共同参与“制止餐饮浪费　崇尚勤俭节约”活动。

（4）检查评比，促习惯养成。为让全体少先队员养成勤俭节约的良好习惯，推动光盘行动开展，学校少先大队设立文明就餐监督岗，向剩菜剩饭说“不”，并将执行情况纳入班级百分竞赛之中，督促全体少先队员切实养成“制止餐饮浪费　培养节约习惯”。

文明贵在细节，习惯重在养成。只有从现在做起、从自身做起、从小事做起，厉行勤俭节约，反对铺张浪费，才能用“小餐桌”推动“大文明”。

四、倾听民声，质量提升确保人民满意

（1）以生为本，提质增效。作为一所村级小学成长起来的局属学校，我们一直把质量提升作为促进发展的核心要素，把培养德智体美劳全面发展的人才作为重要目标。近年来，我们不但加大教师培养力度，还邀请专家进校园指导，开放办学，请家长进校园体验，谈感想、提意见，全方位促进办学水平和教学质量的提升。教学质量年年攀升，得到家长们的普遍认可。

（2）倾听民声，服务群众。习近平总书记在教师节致全国教育工作者的讲话中提出，要“不忘立德树人初心，牢记为党育人、为国育才使命，不断作出新的更大贡献”。在习总书记的精神指引下，我们从细节入手，着眼于家长需求，以不断提高家长满意度为最高追求，想家长所想、急家长所急，不但满足学生中午在校就餐的需求，还为学生提供课后校内托管服务，家长深受感动。

海滨小学打造善雅教育，注重习惯养成，在厉行节俭、反对浪费上走在前、见行动、作表率，通过“小手”拉“大手”，引导家庭成员自觉养成节约美德，为营造“节约光荣、浪费可耻”的良好社会氛围贡献力量；为办好老百姓家门口的好学校、为不断提升群众满意度而加倍努力。

雪中情怀励心智

青岛西海岸新区海滨小学　杨蕾

回首2020年岁末，一场突如其来的瑞雪不约而至，收到返校通知后的我匆匆出门打车。

漫天飞舞着可爱的小雪花瓣，落在白雪皑皑的马路上，步行的人们都艰难而行，我这才发现整个世界仿佛皆是冰天雪地，哪儿还有车的踪影儿？正急盼车来，我的同事从美主动约捎我，呵呵偷乐着。熟料，天太冷车门僵住，情急之下从美竟把车门拉扯坏，我只得又继续打车等候。时间在等待中悄然而逝。正不安焦灼中，突然犹如滑冰场般的大马路上，一辆宛若精灵的红色小车，小心翼翼地朝我悠然驶来。我惊喜开车门，一张灿烂的笑脸，竟是从美打车而来。

一番波折后抵达学校，可为时已晚。放眼望去，校外马路上那厚厚积雪与校内有序的景致赫然在目！那是海滨当家人，我们尊敬的张校长，早已带领着学校的一群老师们默默辛苦奋战多时了，他们已经把校园的主干道、餐厅通道、操场一侧走道，都一一清理了，干净的路面通行顺畅。

望着校门口道路边一座座小山似的积雪，那如火如荼的劳动场面不得而知。此情此景，令我惊奇的是，同样的冰雪天地，路上皆为冰滑难行，这些早早到校忙到不亦乐乎的老师们，难道身上都生了翅膀不成？几许惭愧，几多自责，心底油然涌起。来不及多想，我们俩也快步融入快乐热闹的扫雪队伍当中。

这边，逄老师、潘老师和吉霞老师，干练地挥舞着手中铁锹铲着雪；那边，海燕老师弓着身子，麻利地忙着用簸箕铲雪，堆雪。扫雪的老师们三人一行，两人一组，合作默契，清雪活动井然有序。大家忙碌的身影儿遍布校园，欢歌笑语声声，铁锹除雪声阵阵，朗朗笑声一串串……

众人拾柴火焰高。黄昏时分，校园内外地面上的皑皑积雪的踪迹已所剩寥寥。这时，颇有童心童趣的海燕老师，趁机堆起可爱的雪人庆贺完美收工。

寒风依然呼啸，老师们浑然无觉。劳动后，我们的张校长组织全体合影，相机记录下我们这群时代追梦奋进的海滨人，幸福时光也永驻我们每个人的心田。镜头中，我们笃定深邃的眼眸，望向远方那下了一整夜的雪花。

这一场雪洗礼了我们的善心，滋养了每一个海滨人的心智。在白雪映衬下俊美无比的海滨校园，人人笑靥如花，期许着灿烂的明天，我们那群可亲可爱的孩子们普照着冬日的暖阳，信步美丽的海滨校园，遨游浩瀚的知识海洋。

致海滨学子——
那融融的笑靥里，
蕴藏着严冬里的勃勃生机。

在这磅礴的大雪天地间，
铺撒开迷人的芬芳。

一群追梦的海滨人，
不忘初心，砥砺前行。

海滨的校园，因你而精彩，
海滨缤纷的景致，因你绽放异彩。

时光不语，静待花开。
待到花开烂漫时，芳香满溢海滨园。

播撒芳芳，未来可期；
雪中情怀，励我心智！

滋养善雅需真爱

青岛西海岸新区海滨小学　张秀玲

作为一名普通的小学美术教师，从事教育二十几年，一边教学一边成长，特别是来到海滨小学之后，在学校的引领下，跟同行的老师学习了很多，对教育的感触也很多。

著名的教育家马卡连柯说过："爱是教育的基础，没有爱就没有教育。"如果没有爱这个基础，整个教育这个大厦就会塌陷了，教育要以爱为前提。于是我曾怀着一颗爱心去教育学生，认为只要从心底里真正的爱学生，就会自然而然地生出教育方法，一切教育的问题都可以迎刃而解。但，事实并不是如此。

曾经我以为爱是老师脸上常挂的微笑，是毫无原则的宽容。直到有一阶段，班里的孩子越来越不怕我，在我的课堂上撒娇卖萌，接话把，布置的任务不重视。一开始我没有认识到事情的严重性，只是和风细雨地劝说，后来即使我绷着脸上课，也不见起色。课堂上，师没有师的样子，生没有生的正型。我就纳闷了，越来越不会管理学生了。后来通过和老教师们的交流，发现我是把放纵当成了爱。我是把不批评学生简单地看作为爱学生！我深深地认识到爱不应该只是摆在面上的和颜悦色，而是在教师内心深处的一种易于学生的原则性教育。就如李镇西老师所说，大部分老师在使用管理手段时总是以爱的名义进行的，结果事与愿违。

在老师们的引领下，我意识到当学生犯错误时，不能一味地宽容，学生应该有守规矩意识，以严厉的手段批评不守规矩的学生，才是真正的爱。

因此，在以后的课堂上，我改变了自己的管理方式。为了维持课堂秩序，每次需要学生参与的环节，一定提前立好规矩，其中第一条就是关于课堂纪律的要求，所有的活动必须以遵守课堂纪律为前提，否则即使成果再优秀也不能被评为优胜小组，从而确保课堂活动“活而不乱”。在这个过程中，有个别孩子有些任性，仍然我行我素，对规矩视而不见，作为课堂的主导者——我当机立断，马上让同学们指出其存在的问题，让学生提醒学生，让学生监督学生，既让犯错者心服口服，也避免了师生之间的正面冲突。时间一长，孩子们逐渐有了规矩意识，课堂纪律越来越规范，学习效果越来越好，孩子们越来越收益，师生关系也越来越和谐。

细思教育中的爱，教育不是以爱的名义为所欲为、独断专行，不是以爱的名义放纵学生的错误行为。改变走在错误道路上的学生，让他们健康成长，才是真爱。

爱的转化

青岛西海岸新区海滨小学　吕咸芬

苏联教育学家马卡连柯曾经说过:“爱是无声的语言,也是最有效的催化剂。”教师对学生的关爱,胜过千次万次的说教。关爱一个学生就等于塑造一个学生,而放弃一个学生无异于毁掉一个学生。作为一名老师,要热爱自己的工作,热爱自己的学生,好学生需要关爱,但那些有缺点、有问题的学生更需要我们关爱,教育就是播种爱,一名好老师应该关注到班级的各个角落,不让任何一个学生掉队。

班里一名叫祥的小男生,父母离异,父亲就是他的全部,平时在班里缺乏自信,学习成绩不好,很自卑。望着他那双清澈的大眼睛,我于心不忍,如果放弃的话就有可能毁掉了孩子的一生。于是,我下定决心,不转化你,誓不罢休!

我首先从他的生活入手,中午吃饭把他放在身边,好吃的荤菜我会把自己那份给他,让他吃好。他的卫生状况很令我头疼,在班级中他的周围被废纸书本包围着。不知道怎么整理书包,我就一步一步地教他整理,大的放在后面,小的放在前面,语文课本挨着语文教辅资料,数学课本挨着数学教辅资料,废纸放在书包边上的小袋里。多次训练,及时跟踪检查,现在他的书包、地面已经能保持干净了。从他的脸上也看到了笑容,也敢和我说话了,渴了饿了也会找我。

学习上有困难,我利用下课时间给他查漏补缺,一遍遍讲解不会的知识点。给他找小老师,检查生字,训练口算。每天练习及时检查反馈,期末时成绩已经由原来的几分考到了 70 多分。他的话也多起来了,找到了自信,对老师同学都很友善,爱帮助同学,和同学们玩成一片。

每天和他谈心,倾听他的想法。有一天早上他的情绪不高,我立刻询问原因。原来头一天放学的时候，一个小男生打了他，把他压在身下，他长得小，反抗不了，回家和爸爸说的话又得挨上一顿打，他不敢说，只能憋在心里。我了解到情况，把两个孩子叫在一起，了解原因，互相认错，告诉他为什么错了，怎么做才是对的，遇到这类事情该怎么处理。看着他的脸渐渐露出的笑容，我知道他的心结打开了。也许正是我的这种态度改变了他，后来慢慢地无论是在生活上、纪律上，还是在学习上，他都有了明显的进步。

每一次小进步，我都及时给予表扬、激励。期末检测的时候数学竟然考了 92 分，为了他的这个进步，我在全班同学面前表扬他，给他发了奖状，还特意给他买了零食。他和我说："老师，太谢谢你了，我从小到大，没有人这么表扬我，我一直觉得我是一个坏孩子，不能有进步，是您让我知道我也能进步，谢谢您，老师。"说着给我鞠了一个躬，感动得我热泪盈眶。孩子总是在不经意间就长大了，变得懂事，懂得感恩。

现在回想起这件事，感动多过当时的艰辛，热爱学生是教师的天职，那远比渊博的知识更重要，得到老师的关爱，是每个孩子的心愿，它会鼓励、鞭策孩子，大大推动学生的成长和进步。每一个孩子都是独一无二的，他们都会很优秀，只是需要我们耐心的了解和正确的引导。每一个学生，都像天空中的星星，有的灿烂耀眼，有的光彩暗淡。那些光彩暗淡的，可能是由于我们离它太远，如果我们离它近一些，多关心他们一些，那么他们就会更好。

善心雅行助花稠

青岛西海岸新区海滨小学　王燕

随着海滨小学确立了“培根筑基兴校，善心雅行育人”的办学理念，我校用“善雅”文化引领全校师生、家长不断成长。作为一名老师在这个过程中也深有感悟。

我们深知优秀是相对而言的，每个孩子不一定都能在学习上获得优秀，但能让孩子都尽可能成为他自己，成为这一个最优秀的自己，学会做人的道理，懂得感恩与爱，这才是我们做教育的初心。

作为教师我也一直在用善雅的标准要求自己，培育学生。教育是一件“柔软”的事业。而作为教师更要有一颗柔软的心对待学生，将心比心看待学生，站在他们的角度看待问题。

作为一名语文教师，我们就有了学科方面的优势。语文教育应当是充满爱的，我更喜欢自己能够和孩子们打成一片，成为他们的朋友，与他们一起感受语文学习的快乐。在 2015 年我参加了“送课下乡”的活动，在活动中执教了《妈妈的红沙发》这一绘本故事。第一次来到外校讲课，心情是既兴奋又忐忑。现在回忆起当时课堂中的场景都还是历历在目。在课堂是，我和孩子们一起品读绘本故事。故事中的小女孩和妈妈外婆住在一起，她们的生活虽然艰辛，但却充满了爱和幸福。当读到小女孩的妈妈工作很辛苦时，我便问孩子们：“你们觉得自己的妈妈辛苦吗？”班上的几位孩子向我分享了他们观察到的妈妈。有的孩子说：“我的妈妈很辛苦，家里种了地，妈妈平日里除了在工厂打工、做家务，还要去种地。”有的孩子说：“我的妈妈在外地打工，我有时候会好长时间见不到她，我很想她，她也一定会很想我。”……一个个小故事，能够让孩子们在课堂上分享自己内心的感受，分享他们对于爱的感悟，我想这是这节课上我们最大的收获。

作为班主任，在日常的学校生活中，给予学生的哪怕只是一小点，但最后都可能会成为影响他一生的关键。记得刚刚接手班级时，有个小女孩跑过来对我说:“老师，我知道你，你曾经教过我姐姐，她说你人可好了。”于是，我便询问了缘由。那是之前教过的一个三年级的学生，那个女孩子有一天身体不适，经过询问我才知道她早晨没吃早饭，联系家长后，我便让她在办公室里吃了我的面包。这样的一件小事只是工作中常见的小插曲，没想到那个孩子却将这样一件小事记在了心里。一个小小的举动都会产生巨大的影响。也是从那时开始，我告诫自己在任何时候都要时刻注意自己的言行，提高自己的素养。在教育教学中用善心雅行助力学生的成长。

最好的默契

青岛西海岸新区海滨小学　石晓晓

“老师，早上好！”熟悉的声音在我耳边响起。

是小禾。他迈着轻快的脚步走进教室，抬起头看到的是他纯粹的笑容，亮亮的眼睛看着我，多望两眼你就会不小心沉浸在他的笑容中。

这是小禾每天的必备功课。

一个阳光的男孩！但如果你的目光在他身上多停留几秒，也许你就会发现他和其他的孩子稍稍有些不同。看到小禾，我欣喜于他每天点滴的变化。

但想到小禾……在我眼前浮现的却是另一张纯真而又羞涩的笑脸，是小帅。

今天，我们来聊聊小帅。

小帅是小禾的好朋友，他们是从什么时候开始建立的友谊呢？回忆的思绪被拉回到三年级……不对，或者二年级，或许是更早。

小禾是一个生活在自己世界里的孩子，他内向、敏感。不知从什么时候开始，身边出现了一个稚嫩的身影，牵起他的手。每一次，都小心翼翼，悉心陪伴。

这个人，就是小帅。

而他们的手，一牵牵到了四年级。

小帅，一个瘦瘦的男生，他有点内向，脸上总是挂着谦逊而又羞涩的笑容。看到他，你很容易就把当下很流行的一个词和他联系到一起：小暖男。

小帅确实是一个暖心又体贴的小暖男。

目光所及，“丁零、丁零”下课铃响起，小禾在座位上站起，“我、要去厕所”一边敲着课桌，一边大声嘟囔着。就在所有人还反应不及的时候，小帅不知什么时候就来到了小禾的身边，他什么也没说，牵起手，领着小禾，小心翼翼避开同学和课桌。刚刚还发脾气的小禾仿佛眨眼间就变了一个人，他像个听话的弟弟，眼角眉梢都带着笑意，美滋滋地跟着大哥哥被带出教室。

在这一刻，小帅在我的面前就是一个懂事而又贴心的大哥哥！

小帅，他像是一个随时带给你惊喜和意外的魔法师。在大家都集合站队去餐厅的路上，小帅牵起小禾的手，彼此笑眼相对，不言而说的默契！大哥哥细心为小禾打好午餐，领着小禾坐下吃饭；在大家吃完午餐集合回教室的时候，小帅牵起小禾的手，帮他整理好餐具，一举一动，娴熟之极，不言而喻的默契！在一天的课程结束，伴随着最后一节课的铃声响起，小帅又如约而至，俨然是替小禾操碎心的“老母亲”一般，为他整理课桌，收拾书包。顺势摸摸小禾的头，像是安抚，又像是鼓励，了然于目的默契！

这一刻，小帅触动了我心底最柔软的一处，眼角有点湿！他，也不过是个 10 岁的少年！

而这样目力所及的场景，每一天都在重复上演，主角是小帅。在我的眼中，他有不一样的光环！

为人师表，我们输出毕生所学教给孩子，但在与他们相处的点点滴滴中，他们又仿佛变成了我的老师，在某一刻我像是一个学生，虔诚地接受来自他们的无私的馈赠，沐浴在真诚、善良、爱与友谊的阳光中，初心不变！

在班会课上，在 43 双眼睛的注视中，我给大家讲了小帅和小禾的故事。小帅害羞地低下了头，小禾脸上一如既往绽放出灿烂的笑容，43 双眼睛从惊奇到惊喜、感动，继而慢慢湿润了。在这一刻，分明有一种什么感情莫名笼罩着这间教室里所有人的心。

我想了好久，应该是人心最初的善，和最优雅的风范！

“我还是从前那个少年，没有一丝丝改变，时间只不过是考验种在心中信念丝毫未减……”教室里响起孩子们嘹亮的歌声，在这片充满欢乐的歌声中，我分明看到了小帅再次牵起小禾的手，彼此笑目相对，最好的默契！

他们用自己的善心雅行弘扬了学校倡导的“善雅”文化，这样美好而温暖人心的故事每天都在海滨小学的校园里发生。这是温暖有爱的海滨学子们的一个缩影，也是一种精神，一分力量，善行天下，爱满校园！

从美老师二三事

青岛西海岸新区海滨小学　姜磊

习近平总书记说过:“一个人遇到好老师是人生的幸运,一个学校拥有好老师是学校的光荣,一个民族源源不断涌现出一批又一批好老师则是民族的希望。”在海滨小学,就有这样一批普通而又不平凡的教师:他们不忘教育初心,爱岗敬业匠心育人;他们高擎知识火炬,爱生如子烛照桃李;他们坚守平凡岗位,立德树人诲人不倦。

张从美老师就是其中之一,和她共事会有这样一种印象——“认真”。

作为科学老师的她,带领孩子们学习课本知识,引导他们探索科学的秘密,为真正地带领学生走进奇妙科学世界,她的科学课从来都是“有惊无险”,带着孩子们玩放大镜烧纸、模拟火山喷发、自制柠檬汽水,让孩子们在快乐轻松的教学活动中探索自然奥秘,引导他们学科学、爱科学、用科学。在一次次的小课题研究中,了解到孩子们的探究兴趣和需要,她就利用周末时间领着孩子们攀爬大珠山,帮着孩子们去寻找合适的实验材料(石块)以此来鉴别岩石的种类、分析岩石的质地、了解各类岩石的作用。为促进研究课题的真实性,她曾多次带领孩子们去渔民的海珍品养殖基地搜集资料,观察记录,从了解到认识到深知,多维度来促进孩子们探究能力。给学生创造了一个又一个的学习空间,以身作则,行胜于言正是因为她榜样的力量,孩子们也养成了认真严谨的科学态度。

对待工作,她严肃认真,对待学生她严慈相济。

严中有爱、爱中有教,对待上课违反纪律的同学她也有自己的“小妙招”。这是一节科学课,她给同学们充足的时间自行体验磁铁的奥秘,当她要求暂停自行体验要进行下一个环节的时候,发现有三个同学似乎被手中的磁铁“吸”住了一样,玩得不亦乐乎,根本听不进去她的话。但张老师并没有生气，继续讲授知识，当再让孩子自行体验磁铁奥秘的时候，她语重心长地说了一句："你们三位同学把体验的时间都用在第一次体验上面了，这次体验，不好意思，你们只能旁观别人的了。"三个孩子顿时明白了刚才不认真听讲是不对的，下课还主动和老师承认错误。传授知识之余，她会主动和孩子们做知心朋友，倾心交谈，真情交融，"亲其师，信其道。"她也成功地听到了孩子的悄悄话，赢得了孩子的心。无论孩子们有什么事，都愿意和她分享，有时都让我这个班主任"吃醋"哩！至今，都有毕业许多年的学生来母校看望她，和她谈谈心，分享自己的点点滴滴，依旧是满满的谢意与尊敬。

善善从长，雅人美致，在平凡的岗位上，她用行动书写了教育的"真、善、美"。

真爱悠悠

青岛西海岸新区海滨小学　王爱芹

教师是人类灵魂的工程师,而高尚的师德更是教师的灵魂。作为一名合格的教师,就应该以热爱学生为天职,在工作中要讲求方法,付出耐心、真情和爱心。因为爱是一切力量的源泉,是搭建师生心灵之桥的纽带,也是增强班级凝聚力,开启学生心灵的钥匙。

学生是发展中的人,但终归年龄小,自制力还不太强,所以总有可能犯这样那样的错误。我们班有一名叫小鑫的同学,算得上是“最棘手的学生”。他不爱学习,逆反心理强,而且异常顽皮。在班级百分考核中,哪次班里扣分了,原因肯定出在他身上。针对这种种现象,我便注意观察他,努力捕捉他的“闪光点”。有一次,放学后排路队,他发现前面的一个同学走歪了,就随手把那个同学扶正。看到这一小小的细节,我心中一喜:小鑫心里装有同学,装有集体了。于是在晨会上,我表扬了他,我第一次发现他脸红了。还有一次,上语文课时,我检查古诗的背诵情况,他一句话也说不出,愣愣地站在那儿。一看就知道没背过,我没有批评他,而是委婉地说:“是不是因为紧张才背不出来,下课后单独背给我听好吗?”他轻轻地点了点头。课后,他主动找我认了错,并保证以后好好学习。趁此机会,我就耐心地说服、鼓励他:“你头脑灵活,只要认真学习,一定会成为一名优秀学生的。况且,你说话的声音那么好听,如果多加强朗读训练,在这方面,你会有突出表现的。”从此,我一有机会就鼓励他、表扬他。上课时,只要他举手,就让他发言;学科实践活动,他有什么建议,就请他先说。渐渐地,他作业按时完成了,发言也大胆、积极了,班里的活动总有他奔忙的身影,老师和同学在惊讶中不断地为他点赞。在学校举行的朗诵比赛中,小鑫同学还获得了级部第二名的好成绩。连他母亲都说,简直不敢相信儿子会有这么大的变化。

小鑫同学的变化，不是体现了真爱和尊重的力量之大吗？

学生年龄小，但却是独立的人，更是有自尊的人。因此，教师要尊重学生，维护学生的自尊心，学会与学生用心交流，沟通感情。班里有一名女生，因自己写字很慢，又不好看，爸妈又不理解她，又不能很好地开导她。在同学中她觉得自己比别人矮了半截，因此，造就了她内向、孤僻的性格。下课后，同学们都像一群小鸟似的围着老师说这说那，只有她默默地坐在位子上瞅着文具盒中的笔发愣。我的心一颤：多可怜的孩子！于是，我走过去，握着她的小手左看右看，边看边说：“多么俊俏的一双小手，只要你多加练习，掌握写字的技巧，一定会把字写好、写快的。老师和你约定件事，以后我们把各自的心里话写在纸上，交给对方看，行吗？”她先是一惊，接着不太自信地点了点头。我们真心的交流就从一张张纸条中开始了。我先给她写了一封充满真情的书信，信中用鼓励、赏识的语言激励她，而我也第一次收到了她那封写得歪歪斜斜的信。从信中，我真正看到了一个活泼可爱的小女孩的心。从那以后，我经常给她写信，多数围绕着如何写好字、提高速度，而她总是把自己练字提速的感受告诉我。慢慢地，通过书信交流，她向我敞开了心扉，把我当成她最信任的大朋友，她也渐渐地融入到了集体这个大家庭里。

悠悠真爱，心灵钥匙。教师的责任重大，工作平凡却富有意义。只有用心爱学生，才能培养一个个积极向上、团结友爱的学生，使每一个学生得到全面发展，也才能走进学生的心灵，塑造学生的灵魂。

善雅教育浸润课堂

青岛西海岸新区海滨小学　邵明辉

作为一名体育教师，我一直遵循学校“善心雅行”的教育理念，努力把自己的课堂营造成一个温暖的大家庭，让同学间互帮互助，团结有爱。

601班有个叫肖翔的学生，开学初，天天两眼无神，不愿意参加体育活动，还经常一个人在操场的角落里发呆，我多次悄悄把他叫过来引导他，鼓励他……一周后，我发现他的双眼不再眯着，还脸上带着微笑和老师交流，原来也是帅哥一枚啊。

然而，好景不长，在随后的体质健康测试中，他有多个项目未达标，我把他叫到旁边沟通原因，结果他态度非常抵触，我也生气了:“你这样下去不是白练了吗？”他直接说:“那我不练了！”我愣了愣说:“好，你好好考虑考虑吧！”教育到了瓶颈期，这不是我想要的结果！

看着正在进行自主训练的其余同学，再看看一脸无所谓的肖翔，我在沉默了几分钟后，走过去对肖翔说:“再去跟组长一起练习练习好不好？争取早点达标。”他没有马上行动，欲言又止的样子，看来他也反思过自己。

下课时间到了，我在回教室的路上偷着观察肖翔，他好似若有所思的样子，难道他在后悔自己刚才的冲动吗？直到教室门口，我就这么偷看着肖翔，我在想今后我该如何对待肖翔。

又是601班的体育课了，体委来找我上课，我问体委布置给他的任务完成了没有，体委朝我会心的一笑说任务完成。其实上节课以后我找到了体委，我们商量以后，决定有他试着开导一下肖翔，没想到效果出奇的好。于是这节课上肖翔积极主动，练习努力，就跟变了一个人似的。下课了，这俩小伙子微笑着向我走来:老师，我一定好好练习，争取早日达标！老师，我俩是好朋友，我要每天提醒肖翔认真练习！如今肖翔的变化特别大，有时候怕不达标，竟自己主动抽时间练习，课间操还单独多跑一圈，令人很感动！为你点赞，我终于在你的眼中看见了光！

把学生当成小幼苗，倾心浇灌，小幼苗才会朝着自己理想的样子成长，我坚持对学生公平公正，学生错了，批评！我自己有过失，当着全班同学自我批评！通过多种策略引领学生充满正能量！

我不仅是同学们的体育老师，还是他们的长辈、好朋友。同学们是我的小棉袄、小暖男……记得那次孩子们上科学课，需要每人捎来一个鸡蛋观察，课后，好几个孩子涌到我办公室剥开鸡蛋让我吃。我毫不犹豫地吃了一个，然后让同学们也快吃了它；还有一次室内课，我发现讲台上多了一小盒酸奶，我大声问："谁的酸奶忘拿了？"肖翔站起来大方地说送我的！我赶紧道谢，然后说我要把午餐发的一个橘子放学后和肖翔一起分享！放学后，我把橘子一分两半……还有一天下午放学后我在门口值班，肖翔从路队里跑到我的面前笑着说："老师，给！"然后塞到我手里一块小点心，我心里暖暖的，都下午了，孩子也饿了，他更需要这块小点心，却送给了我，这说明，孩子们已经迅速把我当作一个战壕里的兄弟了！

善心雅行我能行，面对学生，我们需要新的教育理念，我们需要好的教育方式，我们要有自己的教育梦想！就这样一路前行，不懈努力，为海滨教育贡献力量！

小官有了大作为

青岛西海岸新区海滨小学　相翠英

做为一名教师，首先要有足够的耐心和爱心，去爱学生，全面引导学生健康成长。尤其是班级里的后进生，他们需要我们付出更多的精力去指导修正，我们要给这些孩子更多的关爱，用爱激励着他们树立自信心，使他们在老师的关爱中成长为更好的自己。

如我班有一位同学，叫宋某，分班时，他就是单独作为淘气孩子分过来的，他特别喜欢体育活动，而且还是班上足球队员，比赛场上的那种干劲令同学们赞叹不已。但是他在学习上可就令我头痛的了，经常不交作业，书写可以说是全班最差的一个，总是涂途改改的，上课纪律也很差，坐不好、不认真听，还捣乱，批评他两句也满不在乎。面对这样的学生，我曾经想过放弃他，撒手不管，反正考试都是不好了，可是我又一想，不管他就会把其他孩子也带坏的。于是我改变了想法，决定帮他改正自身的毛病。在这过程中我经常找他谈话，向同学了解情况。我发现他本质不坏，心地善良，就是经常要在我面前刷存在感，我抓住这一点，给他安排了一份拖地的工作，每次拖完，我都会说“力气真大、拖得真干净”，听了我这几句敷衍的话，他干劲更大了，我抓住时机，就给他安排了个“拖地组长”的官，在以后的日子里，他带领他的兵把教室收拾得干干净净的，还时不时的跑到我跟前要帮我干这个干那个的，一副自豪的样子。经过一段时间，在他自己的努力下，他各方面都取得了不小进步。渐渐地，我发现在上课的时候也专心听讲了，也更遵守纪律了，甚至自己也当起了值日生，成绩也有了进步，在过年的期末考试中，他语文、数学的成绩都在 95 分以上，同时凭借自己的各项能力，还获得了“三好学生”的奖状。总之，他现在是进步了，不管他能坚持多久，只要在他身上给予更多的关爱，我想他会慢慢进步的，通过老师的耐心教育，会慢慢收敛他的不良习气，时时关注他的表现，发现问题及时根治，要让他感觉到老师时刻关心着他，相信他一定会进步！

我们要以赏识的眼光和心态看待每一个学生，善于发现他们的闪光点。正因为有了老师对他的尊重、激励和宽容，才有可能使他们找回自信。

一件小事悟大道

青岛西海岸新区海滨小学　刘芳敏

教育是心灵的艺术，我们教育的对象是活生生的人，这些学生都是有思想、不断发展的个体，这就要求我们在教育过程中尊重每一位学生，“以人为本”，如果我们能走进他们的内心深处，打开它，你就能看到一颗颗鲜活的心。这不仅仅要求我们要关心学生，更要求我们要用科学的方法，足够的耐心和机智去引领他们成长。作为班主任，我们每天与学生接触得最多，许许多多烦琐的事情，都需要我们用心去分析，耐心去处理，否则会给班级建设和孩子们的成长带来极坏的影响。下面是我班主任工作中的一件事情，给我带来很大的启示。

星期三的一个早读，我照例来到教室，站在靠近门口的地方眼睛向教室里扫了扫，同学们都在认真地读书，我心里很高兴。心想：功夫总算没白费，终于养成了较好的早读习惯。这时班长走到我跟前，用眼睛瞄了瞄“调皮大王”丁小龙的桌子底下，然后说：“老师，你看！”丁小龙的桌子在靠近门口的地方，我顺着她的眼光一瞧，一块抹布在他桌子底下。我问班长怎么回事，原来组长让丁小龙用完抹布洗干净后，再放起来，可是当组长检查时，发现抹布脏，以为小龙用完没洗，就让他去洗。小龙不去，组长气得把抹布扔在他的桌子底下。了解了事情的大体情况，为了不浪费学生的早读时间，我就想等到课间详细地问问再处理这件事。于是，我对小龙说：“先把抹布捡起来。”谁知小龙说：“不是我扔的，凭什么让我捡！”他一脸的委屈。我有点生气了，声音顿时提高了：“老师的话你还不愿意听了？”说完，我让小龙出来，想到办公室好好地教训他一顿。可他就是不出来，还很委屈地哭着，一脸的犟劲。我响亮的吼声混合着小龙委屈地抽咽声，顿时吸引了全班学生的眼光，班里鸦雀无声，都看向我们。我想：可不能这样僵下去，既影响了学生早读，也摆不平这件事，得不偿失。平静了一下心情，我缓和了语气轻声说："老师想向你了解一下今天早上怎么回事，希望你能到办公室跟老师说说，在教室里谈话会影响同学们上早读的。"小龙噘着嘴但还是跟我来到了办公室，经过进一步了解，我弄明白了事情的真相。原来小龙已经把抹布洗了，不知让谁碰到了地下弄脏了，组长对小龙印象不好，就冤枉他，小龙特别委屈。后来，老师又让他捡抹布，他觉得老师也冤枉他。我耐心地跟小龙解释了我让他捡抹布的用意，他也主动向我承认了错误。接着我让学生讨论这件事，反思自己的行为。这本来是可以避免发生的一件小事，为什么会发展成现在这样？组长、班干部都深刻地反思了自己。事情总算圆满结束了。事后我想，要是刚开始就耐心地询问一下小龙的想法，或是先让别的学生把抹布捡起来，也许就不会有后面的事发生了。最后也幸亏我多了一份耐心，给了他一个说话的机会，否则会给他造成多大的伤害啊！

在十几年的工作中，我深刻体会到，教师对学生的理解、尊重，犹如春风化雨，润物无声，能诱发学生的内省，净化学生的心灵，使学生鼓起前进的勇气。同时，我也意识到，作为一名教师要拥有敏锐的眼光，积极地思考，在工作中不断探索和实践，寻求科学有效的教育方法，打开每个学生的心扉，与学生共同进步，真正做到教好书，育好人。

教会方法 授人以渔

青岛西海岸新区海滨小学　臧运赤

“授人以鱼，不如授人以渔”，那么，什么是数学课堂中的渔呢？毫无疑问就是教学中的思想和方法，只有学生理解并掌握了这些方法，他们才能知其然，并知其所以然，也才能举一反三。众所周知，在应试教育的前提下，我们的课堂一直都是灌输加填鸭式的模式。作为一个有三十多年教龄的老教师，最司空见惯的课堂模式就是老师讲学生听。可最近的一次无意之举，却收到了无心插柳柳成荫的效果。

我一直非常推崇我们学校推行的“魅力小讲师”活动，一是可以体现孩子们的自我价值，二也能使孩子们对所学知识的来龙去脉了然于胸，加深他们对知识的理解，对语言的运用。所以课堂上我会让部分学生充当小老师来讲解比较典型的题目，并且效果也不错。一般情况下，如果时间充裕，比如自习课、托管时间等，就让孩子们轮流到讲台上讲题，这样既可以锻炼孩子的口语交际能力，也可以督促他们认真听讲，互学赶帮。

通过一段时间的练习，孩子们的讲题能力确实有了提高。让我始料未及的是，有一次刚将学生的讲课视频发到班级群里没多久，我收到了这样一条家长回复的信息：谢谢老师给的机会！ ×× 太懒，不愿张嘴不想动脑。有时候题可能会做，但是讲不出来，谢谢老师能让他上台讲，锻炼他的张嘴能力，很庆幸学习之路能遇到您这样没放弃他的恩师，很感谢！

我看了后也很欣慰，说明家长认可我们的做法。便回复说，孩子这半学期确实进步很大，我们都一起努力，争取越来越好。

家长：嗯嗯，六年级刚开学时测验的成绩总是后面几名，吓死我了。总想找您聊聊又不好意思，单元检测突然得了个满分，相老师还高兴地给我打电话告诉我，说你们都表扬他了。所以他特别喜欢数学，做作业也总是先做数学。我知道老师的表扬认可对孩子来说特别重要，能改变一个孩子的学习态度，除了感谢不知道该怎样表达我们家长的心情了。×× 就是不爱张嘴，我总是鼓励他上台讲题，他说他不会讲但是会做，我知道让他主动是不可能的，除非老师叫他。他讲不出来不会说，但是能站上去也是很大的进步。是您给了他机会，遇到您，他的数学成绩提高了很多，发自内心的说声谢谢您！

通过一段时间的训练，我发现学生的学习热情都不同程度的提高，学习尽头越来越足，成绩也有明显的进步。教育家陶行知说："真教育是心心相印的活动，唯独从心里发出来的，才能打动心灵的深处。"通过这件事也使我明白了，要从根本上把握学生的心理特点，然后对症下药，才能有所成效。"一分耕耘一分收获""只要付出努力就肯定会有回报"。我们只是做了分内之事，收获的却是家长的认可与学生的喜爱。

由此我们可以知道，好的学习方法是通向成功的捷径。我们要做个有心人，关注学生的点点滴滴，及时挖掘学生的优点，激发他们学习的兴趣，让他们获得尊重，获得自信，就一定会有意想不到的效果。

魏书生说过："心灵的大门不容易叩开，可是一旦叩开了，走入学生的心灵世界去，就会发现那是一个广阔而又迷人的新天地，许多百思不得其解的教育难题，都会在那里找到答案。"

行善举雅为

陇南支教三得

青岛西海岸新区海滨小学　孙伟

自2020年5月6日下午接到局里通知，安排我赴甘肃省陇南市支教。5月10日，我们青岛西海岸新区教育体育局赴甘肃陇南支教团队一行十二人踏上这个陌生的地方。

车窗外，是苍翠的绵延的群山，吹着清甜的山风，满眼绿色的核桃树在风中摇曳，叶子被风吹过，发出轻柔的沙沙声，累累的果实在叶子缝隙间若隐若现。这份初夏的恬美，让我本有些浮躁的心不由自主地沉静下来。

下午两点多到达此行目的地——甘肃省陇南市武都区马街镇马街小学，开始我人生中的第一次为期三个月的支教生涯。

下车以后，映入眼帘的是一座非常漂亮的校园，和我想象的完全不一样。干净整洁的人工草皮操场，边上盛开着粉色的、玫瑰色的、黄色的月季花……这就是接下来我即将生活的地方。这里比我想象的山区小学要好很多，热情朴实的同事们对我的关怀更让我离家的愁绪淡化了不少。在接下来的日子里，我将和他们一起在这所美丽的学校——马街小学完成教学工作。

根据学校的工作安排，我承担四年级二班的语文教学，这也是自参加工作以来首次从事语文学科的教学。我要记住这个时间点——2020年5月18日上午九点十分至九点五十分，在甘肃省陇南市武都区马街镇马街小学四年级二班，孙伟顺利完成人生中的语文课首秀，所讲授课文是部编版小学四年级语文下册第三单元第十课著名作家艾青的现代体诗《绿》。

课后我独自在办公室批改作业，认真仔细地修改每一个字，每一句话，生怕因为自己的不小心，耽误了孩子的前程，毕竟我也是第一次教语文。时间过得很快，不知不觉到了午饭时间。来到餐厅，一眼就看到中午这个菜——土豆炒豆腐，迅速地沟起了一段儿时的记忆……

记得那是我在小学一年级时候，一个冬天的下午，我放学回到家，做完作业，天渐渐地黑了下来，爸妈还没下班，那时妈妈单位里经常加班，为了让爸妈下班回家就吃上一顿热气腾腾的热饭，早点休息一下，缓解一下一天工作下来的劳累。想到这里，我先生起炉子来，然后就把刮好的土豆切成小块，豆腐也是切成块……还没等到往锅里倒土豆，这时妈妈下班回来了，看到眼前的这片场景，妈妈一把就把我搂在怀里，我偷偷的瞄了一眼，看见妈的眼睛里有泪花在打转转……我的人生的第一道菜土豆炒豆腐，也许是巧合，在我人生的第一次支教过程中，竟然是在我完成了人生中的第一节语文课首秀后，吃到了我人生中会做的第一道菜，心里有种说不出的味道……

通过这段时间以来的作业情况，发现这里有的学生书写潦草，字的基本结构、笔画顺序都弄不明白。于是我从钉钉的视频回放，找到了我们海滨小学四年级一班的书法午练的一段视频，放给学生看，重点讲了“乳”“端”的书写方法，同学们看得非常认真，也按照要求书写了，每天练字一张。通过一段时间强化训练，同学们的书写规范了，质量也比以前有了很大的进步。

恰逢“六一”国际儿童节，我为班里的学生购买了文具，每人一套，表现特别优秀的，我还赠送了硬笔书法字帖，孩子们脸上露出了快乐的笑容。班主任还给我和孩子们合影，留住了这幸福的一瞬间。

参加这次支教活动，有着太多的第一次，瞬时感觉收获满满。我要感谢这次支教活动，让我收获了N个人生的第一次……总是会遇见一些美好，让我愿意付出所有，愿你们一切安好，以后虽然要远隔千山万水，但老师会时时想念你们，永远记住和你们在一起的这段美好时光，永远记住你们的笑容。正因为有了你们的陪伴，我的这段人生经历才不会孤独，谢谢你们。

不让一个学生掉队

青岛西海岸新区海滨小学　张晓琪

时光荏苒,2013 年毕业,转眼间工作已经 8 年了,从工作的第二年起我就开始担任班主任工作,除了担任班主任和数学学科教学任务外,还兼任教研组长工作,在工作的几年中,我体会到作为教师的苦与乐,并深深热爱这一职业,它不仅是我谋生的手段,更成为我生命意义的所在。

我国著名教育家陶行知先生说过:“真的教育是心心相印的活动,唯独从心里发出来的,才能达到心的深处。”它不仅体现了先生个人所具有的伟大师爱,也是在鼓励我们这些“园丁”要“爱满天下”。

从事教育工作已经有 8 个年头了,回忆过去教育中的点点滴滴,也使我深有感触。

记得我担任一年级教学工作时,班里有一对双胞胎男孩,从开学初我就发现了他们与别的孩子有些不一样,毫无规矩,上课打盹,后来经过了解孩子是特殊家庭,从小父母就丢弃他们,跟随姥姥生活,幼儿园也没上过,上课根本听不懂老师讲课,其中弟弟还是特殊体质,经常流鼻血,面对这些问题,不懂得怎么处理的时候我就询问领导和老教师,哥俩上课听不懂我就用课余时间进行辅导,也给他们安排了小老师,在学习方面经常给他们提供帮助,也经常跟他们的姥姥进行沟通,进行家访。经过努力,哥俩从一开始考试不及格慢慢进步,到学期末能达到及格,口算掌握得很扎实,看到他们的进步,让我感到特别有成就感。

在去年接手的一年级中,有一名小女孩,与双胞胎的情况很相似,跟随爷爷奶奶一起生活,开学一个多月以后她才入学。面对什么也不懂的孩子,我很着急,我经常与家长进行沟通,发现爷爷奶奶年纪毕竟大了,沟通起来并不是很顺畅,于是我就对孩子进行多次家访,有时候也会利用放学送学生的时间和家长面对面进行交流，先告诉孩子的爷爷奶奶如果有不懂的问题要第一时间跟我沟通。在学习方面，我会利用课余时间给孩子补习拉下的课程，并安排了一名小老师对孩子的学习和生活方面进行帮助，经过一段时间的努力，孩子在各方面都取得了进步。谁知突如其来的疫情又让我着急起来，疫情期间孩子经常不上网课，我打电话之后能上一天，之后又不参加，我与孩子奶奶进行深入沟通，孩子奶奶并不是亲奶奶，爷爷经常与奶奶吵架，教育观念也不一样，孩子奶奶也感到很委屈，于是我就对奶奶进行开导，并对孩子的学习方法进行了指导，孩子奶奶情绪也得到了平复并知道了今后该如何做了。

网课期间，在每次上课前我先电话通知家长要及时做好准备，以确保孩子能够按时上课，但是孩子虽然上课了，作业上传又遇到了问题，家长年纪大了，不会上传作业，于是我就一点一点地教奶奶如何提交作业，作业出现错误改错后如何再次提交，有时候作业只剩孩子没有提交，我也会多次提醒，虽然过程比较辛苦，但是看到孩子每次网课都能按时上课，提交作业，我感觉所有的付出都是值得的。

通过这两个家庭，让我深深体会到在教学工作中总会遇到一些特殊家庭和孩子，这些孩子需要付出更多的心思，今后我还会继续努力，无论做哪一项工作都脚踏实地、尽职尽责，不让一位孩子掉队。

让阳光驻足心灵
——我和丁丁二三事

青岛西海岸新区海滨小学　王海燕

这个春天，对于刚刚经历过新冠肆虐的2020年来说，有着不凡的意义，我们终于度过了漫长的冬天，迎来了一个充满希望的明媚新春。

作为一名老师，我真切地希望用心、用情、身体力行地去教好每一位孩子，学习知识，感受到爱，在将来的某一天，祖国需要之时，能够发出自己的光和热。即使成为不了斗士，也一定是心向阳光，感恩生活的歌者。

春风化雨，润物无声。老师的一言一行在平凡琐碎的日常中影响着孩子的一生。一年之计在于春，一年级的孩子，就如同一棵棵成长在春天里的小树，需要我们老师一点一滴地修正，润物无声地呵护，才能成长得茁壮。

丁丁同学就是这样一株需要精心呵护的小树苗。由于家庭原因，开学第一天，丁丁才来学校报名，学校预定的新书都发给了早报名的孩子了，丁丁没有新书，面对空空书桌，她难过得掉眼泪，第二天就不愿来上学了。甚至以后的两个周，每天早晨来校就哭，抱着妈妈大腿，拽着妈妈胳膊，不让妈妈离开。开学第二周，我发现班上有几个孩子比较粗心，经常出现上课不带铅笔或者其他学习用品的情况，需要抓紧纠正，于是我趁着课前时间向全班强调："我们整理好自己的书包也是家庭作业，上学没带铅笔、书本，就是没有完成家庭作业，就得回家做好再回来……"话还没说完，我就发现丁丁同学坐在下面低着头，眼圈通红，委屈得很。下课询问过后才知道，她今天恰好没带铅笔，以为老师专门批评她。由此我发现，和其他同龄的孩子相比，丁丁的内心比较敏感脆弱，是个非常缺乏安全感的孩子。于是，我专门去找班主任孙老师交流丁丁的日常表现，探讨如何帮助她真正快乐起来。

通过交流总结，我们找到丁丁的症结所在：对一年级的孩子来讲，融入学校生活本就不是容易的事情，丁丁在刚开学就经历了和同学们不同步的一道坎，所以更难适应新的环境；由于性格中的敏感和不自信，有时会自觉把老师教育全班同学的话都变成针对自己的批评，比如丁丁吃饭比较慢，老师督促孩子们吃完饭要抓紧时间洗手归队，她就急得边吃边哭；孩子缺乏安全感来自于生活，晚上十点多才能等到妈妈下班回家，没有来自父母的交流和安抚就该睡觉了，有时候家里还会出现争吵不休的状况，也让孩子陷于惶恐不安之中。所以，我们决定从学校、家庭两方面入手，老师因材施教，家长共同努力，双管齐下帮助丁丁渡过难关，变回“快乐小孩”。

我和班主任孙老师首先找到孩子的爸爸妈妈谈话，明白家庭氛围和陪伴的重要性，我们要善于正确地表达对孩子的爱，做到正面地温暖孩子的心，让孩子充满安全感：有晚上 10 点后才能下班的妈妈每天早晨和孩子一起吃早餐、送孩子上学，学着早晨离开孩子时给她一个拥抱；爸爸每天抽时间来学校接孩子放学回家，用微笑肯定孩子一天的表现；每周能克服困难，全家一起吃饭、散步，让孩子深深地体验“家”的感受，体验到与父母的亲密关系、爱与被爱，让孩子从内心感到快乐和安全。

在学校里，我还经常单独找丁丁谈心，有时蹲下来和她对视，有时把她抱在我腿上，和她交流她感兴趣的事，遇到她流泪不说话时就默默拥抱她，用爱的语言鼓励孩子。

四个周之后，丁丁慢慢改变了：上课时，我可以看到她从犹犹豫豫伸出小手来，到积极举手回答问题，脸上充满迫切的可爱表情；办公桌上经常出现她的小礼物，或许是一幅画，或许是一只千纸鹤；下课时，她会主动跑来找我和其他老师说话；和其他孩子玩的时候，有小摩擦也都小事化了……如今，丁丁交到了新朋友，融入了新集体，也收获了崭新的自己。这种变化是因为，她找到了前所未有的被重视、被关心的感觉，阳光包裹着她、温暖着她，也住进了她的心里。

新学年，丁丁升入了二年级，每天早晨，她都向值班的我清脆地问候一句：“老师，早上好！”清晨被这个“快乐小孩”照亮，我站在校园门口望着一张张年幼的面孔，更加坚信：对任何一个学生不断给予温暖，最终，都不会收到冷漠的回馈。

孩子后来问我:“老师,如果一个人成绩不太好但很快乐,而另一个人成绩很好但从来不快乐,哪一个好?”我说:“当然是快乐!没有什么比心里面住着阳光更加重要;当然成绩好,更加令人快乐噢!”孩子抿着嘴高兴地直点头。

“少年强则国强,少年智则国智,少年富则国富。”教书,育人,无非是让祖国的花朵,都能够绽放属于自己的风采。将阳光播散进孩子心田,让他们在成长中收获阳光的心态,强壮的体魄,正确的三观,才能真正让孩子自信自爱,一往无前,拥抱未来。

我是党员我先行

青岛西海岸新区海滨小学　逄永忠

“不忘初心、牢记使命”是每一位共产党员应该牢记心中的使命和担当。“旗手前引路、亿众续长征”告诉我们：共产党员就应该有敢为天下先的责任意识和奉献精神。我是这样想的也是这样做的。

2020年春节期间疫情暴发，改变着每个人的生活、学习方式。面对来势汹汹的疫情，我作为一名党员就应该急学校之所急、备学校之所需。在防控口罩等物资紧缺的情况下，2月7日上午，我把在亲朋好友协助下购买的200个口罩、4桶84消毒液和1桶消毒酒精捐赠给学校。为学校疫情防控工作贡献了自己的一份力量！在我的带动下，海滨小学更多党员干部坚定信心，用实际行动践行共产党员不忘初心、牢记使命的信念和宗旨。

在区局和学校的培训、引导下，钉钉线上课堂全面开课！面对新型的授课方式，我在充满好奇的同时也有些踌躇。课堂由线下搬到线上，能否有效进行班级管理？怎样保证学生及时高效学习等一系列的问题考验着每一位老师……作为党员教师一定是走在前列的，是先行先试、善作善成的模范，我用自己的行动身先垂范！网课期间，我认真参加学校组织的专门培训，了解软件使用规程。不懂就问，直到弄通学会。俗话说：“好记性不如烂笔头。”为避免出现操作失误，我把流程步骤记在本子上，一步一步对照进行，保证课堂教学顺畅进行。

在授课时，不定时运用视频会议的方式单独或者整体检查学生背诵、读书情况，通过线上面对面的方式对学生进行点评和提醒，在家校本中通过作业的反馈情况得知学生课本知识的掌握程度，时刻调整自己的教学进度和授课重点。并时刻和班主任保持着密切联系，随时关注学生的学习状态和生活情况，让学生时刻绷紧“学习弦”、每天拉满“防疫弓”。正是这样高度负责的敬业精神和因材施教的教学方法，我所教班级在开学后的检测中取得了名列前茅的成绩。

“阴霾终将散去，春暖总要花开”，随着疫情的逐步稳定，学校又重新恢复了往日勃勃的生机。在复学复课的过程中，我始终保持着高昂的工作激情，在教学过程中对自己严格要求。日常工作中的每一节课，都认真备课，做充分的准备。工作之余认真学习各种教育教学理论，努力提高自己的教育教学水平。

在抓好教学工作的同时，还注重搞好学生思想工作。我认为，良好的思想品德是学生健康成长的必要条件。教学中注意抓住每一个德育契机教育学生，坚持对学生进行德育渗透。同时，还注意用自己的爱心和关心去教育帮助每一个学生的进步和成长。许多在他人眼中的问题学生在他的教育下变的阳光、积极向上。学生们都会经常与我联系，也成为学生们贴心的朋友。

“随风潜入夜、润物细无声。”我们教师要如春风化雨一般教导学生。作为一名老党员，一定要赶上新时代，步入新潮流，紧紧团结在党中央、校集体周围，带动同事们心往一处想，力向一处使，时时刻刻牢记党的根本宗旨，事事处处都发挥党员模范作用，为办好人民满意的教育而努力工作。

善雅小瞬间

青岛西海岸新区海滨小学　王宗亮

“培根筑基兴校，善心雅行育人”是我校的办学理念。自始至终，我校将“善雅”教育植根本土、生根发芽，从基本要求和基础规范抓起，用“善雅”文化引领全校师生、家长不断成长。

春华秋实，薪火相传，一批批海滨“善雅”学子崇善雅行，乐学不辍。现在就让我们去捕捉一个个“善雅”小瞬间，在故事中见证我们善雅学子的点滴，在故事中找寻温暖的力量。

镜头一：

课间的时候，我们班有位同学忽然跑来我的办公室，我一看原来是我们班的体育委员，他可是个认真负责并且有点腼腆的孩子，我想他来找我应该是想告诉班里的一些事情，只见他不好意思的问了我一句说：“老师，你跑操的时候累吗？”我愣了好大一会，心想：怎么会问这么奇怪的问题？我很疑惑就：“怎么了？”孩子停顿了几秒钟好几次欲言又止，最后好像鼓起了很大的勇气似地对我说：“老师，以后跑操的时我替你喊操吧！”因为我总是和孩子们一起跑操，边跑边喊左右左，以维持队形，我问他为什么，他说他感觉我跑步的时候很累，一直在喘气，这个时候我才反应过来，原来孩子是在担心我，怕跑操的时候我边跑边喊会累着，想帮我分担，瞬间一股暖流涌上心头，感动的同时又为孩子的细心懂事感到开心和欣慰。我笑着对他说：“那我们就轮流喊，共同维持好我们班跑操的队形！而生命在于运动，我也需要多锻炼锻炼，强身健体，永葆青春嘛！”说完我俩都相视而笑。我很感动孩子心里会牵挂着我，担心着我，在忙碌的工作中带给我温暖和力量，辛苦是值得的，忙碌也是充满幸福的。

镜头二：

今天一走进教室却发现教室里一阵躁动，走近一看才知原来是一个学生的课桌腿坏掉了，他自己在努力试着装上却没有成功，旁边的同学也开始帮他“出谋划策”，为了尽快让学生安心自习，我准备先帮学生简单修一下，刚要准备钉子，就在这时叶伟豪指着我的手睁大眼睛紧张地看着我，说：“老师！手！别夹着你的手了啊！”听了这句话我先是愣了一下，然后心中顿感一阵暖流。

“雄关漫道真如铁，而今迈步从头越”，海滨小学的善雅教育人将继续追求“止于至善”的办学境界，以“善良做人，雅行处事”为指引，在追求智慧教育的道路上，散播“善雅”的种子，积极营造优良的工作学习环境，打造鲜明的办学特色，让善雅教育在全体师生中生根发芽，使校园成为师生共同成长的乐园！

让他快乐起来

青岛西海岸新区海滨小学　唐秀娥

“老师，小明（化名）又哭了。”我刚踏进教室的门，就听见一个稚嫩而又充满无奈的声音传了过来。我顺眼看去——小英（化名）和小明站在教室的前面。小明正在哭泣。原来是小明今天早读来得有点晚，领读英语的机会被另一名英语成绩优秀的同学代替了。“没事，老师来处理这个问题，你先坐到自己的座位。谢谢你！”我一边安慰着热心的小英，一边走到小明的身边。为了不耽搁上课时间，我轻声低安慰了小明几句，让他回到了自己的座位。

下课后我不由地想起课前那一幕，内心有点不平静了。我觉得自己有点失责。入学已经两个周了。回想一下，几乎每天都或看到或听到“小明哭了”。有时是课堂上，有时是课下。我只是安抚他一下，他不哭了，就觉得问题解决了。仔细想想，其实这并不是一个简单的问题。一方面他的哭点太低；另一方面他哭的频率太高了。上课回答不上问题来会哭，老师提示他坐正认真听讲会哭，课下别的同学不小心靠近了他会哭，就连放学战队别人站到他前面也会哭……总之，就是芝麻粒大小的一点事，也可能引发他去哭。一个三年级的男孩子不应该是这样，这关系到孩子以后的健康成长。我意识到了问题的严重性。

于是我开始上网搜索、查阅书籍、问询同事、家访等多渠道了解出现这种情况的原因。真是不查不知道，一查吓一大跳。孩子爱哭有很多方面的原因：有的是孩子的性格导致的心理问题；有的是家庭家庭教育的问题；有的是周围环境的影响……我立马转换自己的角色——当起了一名“医生”。首先要查出病因，以便对症下药。功夫不负有心人，经过我的望、闻、问终于弄明白了小明经常哭的原因。一方面是小明的性格比较要强，总觉得自己是最好的，别人就得听他的。这些做不到就想用“哭”这一招来解决；另外通过家访了解到小明得了一种不太常见的疾病，家人为此都非常溺爱他。家长说他在家也时常会哭，遇到自己不会的事会哭，爸妈对他说话的语气稍微重一点也会哭……家长也很无奈。时间长了家长也听之任之了。这时我更感到作为孩子的老师责任重大，我一方面多找时间跟小明交谈，做好他的心理治疗；另一方面我多次通过电话、微信、见面等与小明的家长进行交流协商，希望家长在家正确对待孩子的问题，不能因为孩子有病就无底线地给予特权，或取消规矩，或免于批评等；在学校老师会给予他更多关注和关爱，从心理和行动上，从一点一滴，时时处处，结合孩子的年龄特点、心理特点和自身特点，帮助孩子养成良好的生活、学习习惯，让孩子健康成长。

一个月下来，我感到非常欣慰。小明的变化老师和同学有目共睹。他遇到困难不再一味地哭了。他能够自己想办法解决问题了；也能够与同学友好相处了。虽然偶尔还会哭一下，但频率已经不那么高了。相信以后他会真正地健康快乐成长。

假如你是学生

青岛西海岸新区海滨小学　沈瑞波

小时候，心里总充满着对未来的向往，尤其是对讲台上拿着粉笔写写画画的教师更是十分的着迷。26岁，我结束了学生时代，如愿以偿成为一名光荣的人民教师。

面对六年级的孩子，除了初次见面时的兴奋，剩下的时间里很多是在我与学生的对立态势中进行的，这显然与我开始想的不一样。在他们眼里我应该是大哥哥，可以带领他们向未来奔跑的人，我却差点成为他们的绊脚石。

肖涵是这个班级中个性的代表，第一次上课，他就给我留下了这样的印象：思维敏捷，反应迅速。随着时间的推移，我发现，他虽然上课发言积极，但他的行为习惯却常令我担忧：争强好胜，对自己过分自信，经常和同学老师据理力争，从不肯吃亏。每天一小吵，三天一大吵几乎成了我与他的“日常交流”。他也慢慢变成了老师们眼中不听话的“坏学生”。直到有一次，他再次违反了班规，我找他谈话，依旧是满脸不服气，开始了所谓的“歪理十八条”，这次我实在没有耐心听他把话讲完，“为什么你从来不接受别人的批评，我就没遇到过你这样的学生！”我大声吼道，整个教室都安静了，所有的目光都投向我们俩。“为什么你总是针对我，同学们都看着呢，大家都感觉到你在针对我，假如你是学生呢？你会有什么感受！”肖涵表现出了比以往更加强硬的态度。

“假如你是学生！”他的一句话把我拉回到了学生时代，我曾经和自己的班主任也有过类似的对立。那时，我觉得班主任毫不顾及我的情面，在大庭广众之下严厉地呵斥我，眼睛里满是我的缺点，从来看不到我的进步，尽管我一直想和他开诚布公地谈谈，可直至学期末，也没有机会说出口。久而久之，对立便成了怨恨。那时的我，又何曾不想要一份理解呢？我已经意识到自己在慢慢变好了，可班主任“坏学生”的惯性思维却从来没有改变。想到这，回忆起以前我对他的态度，突然感到，我平时对他的指责太多，没有关注过他身上的亮点，或许早已伤了他的自尊心……

沉默良久，我对他说：“老师以前对你的态度有时是不好，只看到你的不足，常当着大家的面批评你，老师这点做得不好。”听了我的话，他脸涨得通红，有点激动地说：“至少我不是个坏孩子。”

从那以后，我换了一种交流方式，除了关注他的学习以外，更加关注他的心理动态，设身处地地站在他的角度考虑问题。即便犯错误，我也会给他“善意”的提醒，他也每次心领神会，迅速做出调整。他的表现也获得了同学们的认可，经过选举，毫无争议的担任了我班的体育委员。他非常热爱这份工作，既能严肃地整顿队伍纪律，又能关心到每一位同学。经过刻苦的训练和严格的选拔，我们班 41 名同学全部入选学校运动会方队，并代表学校在全区运动会上留下了矫健的身姿和整齐的步伐……我们之间的对立渐渐少了，班级也越来越和谐了。小学毕业典礼结束后，他给我留了一封信，内容很短却字字珠玑：“我并不是您最出色的学生，但您是我最敬佩的老师……”

教育家爱默生曾说过：“教育成功的秘密在于尊重学生。”教师站在学生的角度去思考，就会少些误解，多些理解和宽容，就会得到学生的信任，让学生愿意向我们敞开心扉，当与学生达到了有效的沟通，教育中的问题就迎刃而解了。感谢肖涵，让我也得到了成长。

病毒无情 善雅有爱
——2020年疫情中海滨师生小记

青岛西海岸新区海滨小学 薛金岭

何为善?

善言、善行、善事皆为善,善有千万种……

2020年,是不平凡的一年,本是欢度春节的时候,却被一场突如其来的疫情阴云笼罩,一时间,人们被迫居家,工厂停工、学校停课……

疫情牵动着海滨小学每一名师生、家长的心。面对严峻的疫情防控形势,海滨小学闻令而动,积极开展疫情防控措施,布置重点师生排查、安全防控知识宣传等多项工作。

作为学校重点工作之一的防疫物资筹备,学校多方联系,积极筹备,确保了各项物资的落实到位。在筹备防疫物资的过程中,部分学生家长,学校窦婷婷主任、逄永忠老师、孟兆英老师,社会爱心人士主动联系学校,捐赠了学校急需的防疫物资,一箱箱消毒液、口罩等被送到学校,为打赢疫情防控阻击战助力。

在这场没有硝烟的战斗中,广大白衣天使战斗在疫情防控第一线,冒着生命危险,守护着全国14亿人民的健康,他们用自己的一片片爱心,构筑起一座座爱的桥梁。海滨小学全体师生也纷纷向最美逆行者致敬,积极为疫情防控做贡献。全体老师共为抗击疫情捐款人民币22600元,其中杨娜、吕咸芬、张从美老师主动多捐款,曾经在海滨小学任教书法的毕清林老师虽然离开学校,但还心系学校,主动捐款。

海滨小学与爱心人士共同携手,抗击疫情,共克时艰,为师生早日返回,相聚校园创建安全健康的校园环境。

临近开学，学生却因疫情被迫居家线上学习。海滨人的速度那叫一个快！一天的时间，建立学校钉钉线上教学体系！老师们也从自己熟悉的三尺讲台挪到了陌生的线上教学。

不会怎么办？一个字，“学”！每位教师从摸索起步，边教边学，从开始的无所适从，到一段时间的运用自如，每位教师华丽变身为网上主播。

个别学生居家缺少学习设备，还是一个字，“帮”！张明叁校长带头给学生捐献手机，帮学生充值话费增加流量，保证学生按时上网学习。

师生虽不能见面，但线上的教学却是持续的，虽然隔着屏幕，但师生的心在一起……

疫情阴云逐渐消散，师生又可以相聚在春暖花开的校园。

复学在即，根据疫情防控要求，复学到校有了全新的要求，餐厅学生就餐需要间隔，餐厅桌椅不够，看我们海滨的最帅男团，搬桌椅，不在话下，虽然都汗流浃背，但没有怨言。

按装智慧课堂设备，需要把拆下来的设备入库，还是我们海滨的最帅男团，手抬肩抗，笨重的设备阻碍不了海滨人复学的期盼。

还有很多的场景，无法用文字一一描述……

没有一个冬天不可逾越；没有一个春天不会到来，确实如此！在海滨小学这个大家庭里，善是精诚团结，是无私付出，是携手迎接春天的到来。

班队课中收获多

青岛西海岸新区海滨小学　丁宝霞

去年，我报名参加了班队课评选活动。这次活动历练，让我感慨万千，收获满满。

报上名后，心里感觉七上八下的。因为尽管自己干班主任已有十几年了，班队会原本是一个班主任的看家本领，可是因为懒惰，因为观念没有及时转变、更新，我没有参加过一次班队会听评课活动，没有看过一节班队会视频。如今面对班队课评选，我这门外汉脑袋里一团浆糊。当机会留给了最需要锻炼的我后，当同事们送来祝福的语言给我加油时，那时我觉得，勤能补拙，为了以后更好地受益于学生，当即开始学习也不晚。

那晚，秀副校长带领玉老师、娜老师、英老师等一起成立了课例打磨团队，帮我分析、打磨教案、制作课件、准备上课用的物品，真的是雪中送炭。大家你一句我一句帮我梳理思路，从题目的选定到每个环节的中心词语，以及教师在每个环节的过度语言，一点一点帮我拨开云雾找到启迪的灯光。擅长电脑的趴在桌子旁搜索相关图片制作课件，使这节对我来说硬邦邦的课直观、感性了很多。你累了趴在桌子上休息一会，她接着干，大家没有一句怨言，一直忙到 12 点多。

联合体比赛后，学校对我的课例进行了二次打磨。课后，每一位班主任老师给了我最中肯的建议，帮助我实现了在班队课方面的二次提升。

那晚，还是秀副校长带领课例打磨团队的成员，和我一起做课例最后的收尾工作，又是忙到半夜。那晚，我们疲惫着，也幸福着。当晚回到家后，我坐在电脑旁精简教案，规范教师语言，预设给每一个回答问题学生的评价语，当一切准备就绪后，天已微亮。

之后，在一次班队会上，我把我的故事作为事例讲给了学生，并提出了一个问题:通过这个事例你收获了什么?孩子们有的说面对问题首先要及时反思自己的不足,敢于承认不足;有的说勤能补拙、亡羊补牢为时不晚;有的说人不能耍懒惰,要敢于吃苦,更要活到老学到老;有的说团队力量大,团结就是力量;还有的说要乐于助人,赠人玫瑰,手留余香……

而我想说,一个人走得快,一群人走得更远。我很幸运遇到这样一个团队,帮助我快速成长,越来越强……

爱是给予

青岛西海岸新区海滨小学　孟兆英

眨眼间从教三十年了，回首往事，三十年的情与爱，有苦涩，也有甘甜。

老师在别人眼中似乎风光无限，人类灵魂的工程师嘛！可是其中的酸甜苦辣，唯有自知。三十年前刚参加工作时意气风发，踌躇满志，幻想着把每一个学生都培养成天才，和每一个学生都其乐融融，可是没想到理想很丰满，现实很骨感。

记得我曾经接到不太好的班，成绩不太好，问题学生也很多。最头疼的一个就是一上课就“大闹天宫”。有一次学校听我的课，其他学生都规规矩矩地听课，我也发挥得不错，悬着的一颗心，也终于放下了。

“报告！”一个声音从天而降，“齐天大圣”小明一下子窜到了讲桌前，仿佛一下子从地底下钻出来似的。“老师，我要给同学们讲课！”气得我差点晕过去，怎么办？跟他来硬的，他比你还硬；不管他，我良心上过不去，毕竟是一个孩子，得想办法。我是老师，一个都不能放弃。我经过几天观察，发现他心地很善良，于是我就故意让一个有困难的同学向他求助，没想到他二话不说就帮这个同学解决了困难，当那个同学说“谢谢”时，他居然不好意思了。我趁热打铁，在班上大力表扬它，并给全班同学向他学习。全班同学为他鼓掌，他竟然红了脸，这还是“大闹天宫”的“齐天大圣”吗？这不就是一个“我本善良”的孩子吗？心中忽发感慨：没有天生的坏孩子，只是我们没有拿出我们的真心去感化他们而已。

教育不是一天两天的事，小明的问题也不是一次两次就能解决的，我明白光这样还不行，还得从根本上解决。于是我一次次家访，知道他父母感情不和，分居多年，跟着年迈的爷爷奶奶过日子，一旦别人笑话他没爹没妈，他就用拳头解决问题，这样一来，朋友越来越少，慢慢地他就变成了别人眼中的坏孩子。老师眼中的问题学生,他也破罐子破摔,学习成绩一落千丈。了解了这些情况,我的心很痛,我想如果是我的孩子,别人这么对他,我会怎样?为什么我管不了他?就是因为我没有把他当成自己的孩子,人心都是肉长的,我要把他当成自己的孩子,一定把他扭过来。

但是我也知道,光靠我一人不行,我得发动全班同学。每当犯错时,同学们不再排斥他,而是帮他分析原因;考试不好时,同学们就帮他一遍遍的讲题。一天天过去了,他感受到了同学们的温暖,慢慢地从一只小刺猬变成了一只有爱心的小绵羊。同学们看到经过自己的努力,小明变好了,很开心,因为这有他们的功劳。我也很高兴,我再一次反思,只有把学生当成自己的孩子,就是一块冰也能捂化的。

三十年的情与爱不是三言两语能说清的,唯有真心投入才能真正体味其中的酸甜苦辣。我从一个怀揣理想的学生成为今天一个感慨万千的老师,学生送走了一届又一届,我依然带着我们的初心坚守我的大本营,继续张开我温暖的怀抱,迎接着我一个个亲爱的孩子们。

我不是赫赫有名的大人物,只是一名普通的小学老师,但是这三十年的情与爱让我始终无悔,我是一名人民教师。我骄傲我是一名教师!

一块糖的教育效应

青岛西海岸新区海滨小学　管敏

本学期，我任教五年级体育课，对于这个阶段的孩子来说自我意识开始崛起，他们强烈地需要尊重和理解，对事情有一定的思想和见解。当然更希望被肯定和表扬。下面发生在体育课上的一件事，深深触动着我。

开学后，我对所任教班级学生按体育达标检测标准项目进行了一个测试，测试完之后看到成绩，我就要“疯了”！五年级学生还有不会跳绳的，成绩居然只有二三十个？五年级部又在局抽测体育达标之列，怎么办？怎么办？

“于菲儿、张宗民……实在压不住的火气。”高声嚷道，“怎么练的？大课间跳绳都不练吗？体育课上都不练吗？回家也不练吗？”看到这些学生不服气的表情，又是一通劈头盖脸训斥……

回到办公室当我冷静下来后，光说气话也没用呀，孩子们就是不练，成绩也提高不上去呀，得想办法怎样调动孩子们的积极性提高成绩，是否可以换一种策略呢？

接下来，我利用课间操的时间单独找这些孩子聊聊天，走进他们的世界，并鼓励他们回家完成作业后可以跳一跳，就当锻炼锻炼身体，如果下次老师测试跳绳你比原来多跳 5 个，老师就奖励你一块糖。我说到也要做到，自己去超市买了一大包糖，放在学校，上课的时候就装布袋几块。没想到，一周后于菲儿比原来多跳了 25 个，张宗民比原来多跳了 18 个……原来学生的潜力是无限的，我特别高兴，每人奖励了一块糖。课堂上对他们的进步大加表扬。本来不怎么爱和别人交流的于菲儿和张宗民，下课的时候主动过来找我说：“老师，我们帮您把器材送回器材室吧。”“老师，不知道谁忘记拿跳绳了，我帮他们带回去吧”“老师，谁的衣服还在操场上，我们帮他拿回去。”“老师我帮你……”到学期末检测，于菲儿的1分钟跳绳成绩是98个，张宗民的是102个。对于这样的成绩我非常满意，从不及格到及格，孩子平时一定付出了很多的努力。

这件事让我明白了一个道理：孩子的心是脆弱的，换一种思维方式，奖励比批评更有效。其实，每个人都想得到别人的夸赞，多用奖励和夸奖这个武器，会取得意想不到的效果。作为教师，宽容和善待也是教育的一种美丽，教育需要一种平和的心态，教育者更需要一种宽阔的胸襟，给孩子一个转身的机会，孩子会还你一份真诚的回报。

似小非小

青岛西海岸新区海滨小学　张从美

吃过午饭，我匆匆地向学校赶去，心里挂念教室里没有送回的科学器材。为了更好地让学生喜爱科学，课堂上我经常把一些相关的科学仪器提供给学生，让学生在动手操作中去研究科学的奥秘。学生们对这些科学仪器充满了兴趣，即使下了课，也总是喜欢围着这些仪器，他们把这些仪器拿了又拿，摸了又摸，满脸充满的是好奇、是喜悦。可是，前几天就因为一位同学的喜欢，把一个好好地烧杯摔坏了。为了避免同样的事情再次发生，我上完课后总是把仪器收拾到办公室后再离开。

今天下课后，因有点急事，仪器还没来得及收拾，我匆匆地就走了，走时叮嘱学生，不要到讲台前来动老师的东西。

他们能做到吗？我的心里满是担忧，于是三步并作两步地走进教室。"下去！你在干什么！"我严厉的喊道。一走进教室，我就看到班中最调皮的那个男生此刻手里正拿着一个漏斗站在讲台上。"老师，我不是……"他似乎想要辩解着什么。"什么不是，我不是说过不准到讲台前动老师的东西吗？下去！"我生气的打断了他。他的眼圈红了，泪水在眼眶里打了几个转儿。小嘴唇动了动，似乎想要说点什么，但有什么也没说，就低着头，走向了座位。

幸亏自己早来了，我边想边动手拿起仪器向学具箱放去。打开学具箱，我呆住了，几个烧杯已整整齐齐的摆放在学具箱里。瞬间，我明白了，我斥责的是一颗热情的心灵，我伤害的是一颗想帮助我的心，我的心中充满了遗憾，为自己的刚才的莽撞后悔。

"对不起！老师误会你了！""没事，我想帮你整理好。"他哽咽着说。我的心里涌起一股酸楚，像打翻了的"五味瓶"。自己简单而粗暴地对待了一颗善良孩子的心，先入为主地以自己的想法判断学生的行为，伤害了一颗无辜的心灵。这个事给我上了很深的一课，让我明白了职责。

教育无小事，呵护好每一颗幼小的心灵，就是我们的职责。至今，这件事还在时刻提醒着我，妥善处理工作中的小事，只有这样，我们才能离孩子近一点，再近一点……

其实，我们的日常教育工作，没有什么惊天动地的大事，多数是由很多这样的琐碎小事组成，只要我们把“行善立德、善雅养正”的学校理念时刻浸润在我们日常的工作中，怀着一颗善良的心，时刻为学生着想，学生也会把心中的爱给予我们。

点滴温情育善雅

青岛西海岸新区海滨小学　房禾青

寒假里，终于可以静心读书、写作，回顾一学期的班主任工作，有得有失，反思一下，感慨颇多，点点滴滴的情景如同一幅幅电影画面，历历在目。作为多年的班主任，每带一个班级，时时觉得自己有太多的不足，但其中也有温馨的瞬间，在这里，把它们拿出来，与大家分享。

一、虚心学习

作为班级的管理者，我认为不能闭门造车，要取他人之长，补己之短。今年我们级部的四名班主任各有优势，在班级管理方面都有一套好的方法，比如，我欣赏李志凤老师细水长流、和风细雨的管理风格；欣赏曲艳娟老师雷厉风行、扎实严谨的工作态度；欣赏相翠英老师机智多谋、以理服人的执着作风。这几位里虽然我是年龄最大的，却深感要学习的东西太多了，所以时时以其他几位班主任为风向标，在日常管理中不断提升自身素养，在相互切磋、交流中成长。

二、细心观察

班级工作琐碎繁复，实际归类来看，不外乎学习、卫生、纪律、思想等工作，俗话说事无巨细，作为班主任，要有善于发现的眼睛、心思细腻的行动。我主要做到了以下几点。

（1）每天查看学生各科作业完成情况并及时处理，比如英语作业没完成的，我会要求学生补完后给我看。

（2）每次音体美课结束后，我会主动与老师进行沟通，了解课堂纪律情况，比如体育老师邵老师反映部分同学上课太懒，什么活动都不想做，我就会一一找他们谈话，或者与家长进行沟通交流。

（3）每天的就餐时间，我会观察每位同学的就餐情况，保证孩子们尽量不偏食，比如班里张雪同学，经过我的观察，发现经常只吃米饭，一口蔬菜都不吃，所以我耐心做了思想工作，并与她妈妈进行了沟通，后来慢慢也开始吃菜了；刘飞飞同学，刚开学吃饭时一次吃8个包子吃到吐，也是多次进行了教育，现在就餐步入了正常。

（4）分析每位学生的特点，让每人都能发挥最大优势，体现人人都是班级的主人。抛开成绩，其实每个学生都是与众不同的，最大化地体现每个人的价值，是很有必要的。

（5）关注学生青春期：因为我带毕业班也有好几届了，所以比较关注这方面，每次家访、开家长会，都会跟家长简单谈谈，平时开班会也会经常跟同学们讲一点此类的案例。

三、爱心倾注

1. 偏爱特殊学生

班里单亲、重组家庭、身体差的学生有七八个，看到他们，我疼在心里，像李同学，父母离异，爸爸重组了家庭，他跟着爷爷奶奶生活，本来很聪明的孩子，因为从小缺失的关爱，造成了现在任性、不受管教的情况；张同学，父母离异，爸爸几乎不管，奶奶腿脚不灵便，他每天早晨几乎不吃饭来上学。针对这些情况，我对他们付出的是更多的关怀，经常微信、电话与家长联系沟通，给家长提出可行性的建议，鼓励他融入其他同学中，不自卑，不因为学习成绩差而放弃努力。王同学先天性的癫痫，我教育同学们不要笑话、孤立她，要帮助她，上课时我会找一些儿童插画书籍给她看，让她有事可干。我还买了一些好吃的，作为奖励送给她吃，我的付出也收到了回报，王同学会经常在家里剪几幅窗花送给我，对我来说，这是比什么都重要的礼物了。

2. 关注学生的身体健康

班级事情，事无巨细，有些家长粗线条，我就会经常在微信群里提醒家长们注意每天给孩子做好早餐，冬天提示家长给孩子带保温杯、穿合适的跑步鞋子，根据天气变化提示家长给孩子及时增减衣服；眼睛视力有问题的提示去配眼镜，哪位同学最近又胖了，我会建议多运动、合理饮食等。

四、恒心育人

十年树木，百年树人，我们经常说教育是个良心活，那么如果没有坚持，我们的工作就是一汪小水洼。去年刚毕业的那个班，我一直惦记着升入初一后的学习，在每次月考、期中考试和期末考试结束后，我都会主动问问他们的考试成绩，我希望我教过的每一个学生都能不负韶华，学有所长，我认为这也是我的渴望与坚持，不放弃任何一个与自己有交集的孩子。

回顾与展望，总是有太多的遗憾与不足，在下一步的工作中，我将努力、扎实干好班级管理工作，克服存在的问题，查漏补缺，使班级工作再上新台阶！

扬善风雅趣

善如春风暖人心

青岛西海岸新区海滨小学　苗克玉

11 月 10 日，立冬后的第四天。初冬的小风吹得我们瑟瑟发抖，让我们体会到了阵阵寒意。

午休结束，收到了几年前带过的学生鑫的妈妈发来的微信。图片发过来了一个男孩子的校牌（有班级、姓名）：亲，你认识不认识这个小孩儿？下意识的第一反应：是不是哪个班的孩子又犯错误被其他家长碰见了？看看姓名是二年级的一名小男生，我对这个孩子稍微有点儿印象，单亲家庭跟爸爸一起生活，家里挺困难。忙问："怎么了？"鑫妈妈说："我今天早上晨跑的时候发现这个孩子穿的特别单薄，书包也破了，就跟他了解了一下家里的情况，孩子说父母离异了，爸爸腿受伤在家没工作，看着挺可怜，您能不能帮忙问问，我想给他些儿子穿小的棉衣还有书包，看看他家长愿不愿意要。"鑫妈妈发来的语音中满满的都是对这个男孩儿的心疼，她反复的说："现在天这么冷了，咱的孩子都棉衣、保暖衣穿得暖暖和和的，这孩子就穿了一件薄秋衣和一个单褂子，背着书包冻得直发抖，都是当妈的，我是越看越心疼。"

收到信息后，我马上向同办公室的老师们打听到孩子在吕老师班，于是我马上联系到吕老师将情况告诉她。吕老师说："可以的，孩子家庭确实困难，我也经常送他一些衣服、学习用品给他。我再打电话跟他爸爸沟通一下。"吕老师联系好后，当天晚上我便联系了鑫的妈妈，告诉她吕老师帮忙联系好了。第二天，鑫妈妈一大早就把一包棉衣、书包等学习生活用品打包送到了学校传达室，并叮嘱我记得送到孩子手里。到校后我第一时间拿到包裹，送到了孩子手上。事后，我代表孩子及家长向鑫的妈妈表示感谢，鑫的妈妈说："鑫小学的时候在老师们的辛勤教导下养成了良好的习惯，我们做家长的也跟着受益颇多。现在虽然毕业了,看到咱们学校的孩子就感觉很亲切,能帮上的就帮帮!”朴素的话语中我能感受到家长对学校教育工作的肯定。六年的小学生活,不仅让孩子们内善于心、外雅于行,就连家长们也在默默地传递善雅文化……

母爱是一缕阳光,让我们的心灵即使在寒冷的冬天也能感到温暖如春!事后,再次跟吕老师聊起这个让人心疼的孩子,得知这个二年级的孩子周末在家常常吃不上饭,平时餐厅吃饭的时候,吕老师都会跟餐协调多给他打点肉、菜,自己也经常买一些吃的用的送到孩子家里……

虽然命运没有眷顾这个男孩儿,让他很小就得不到亲生妈妈的照顾,但是却让他遇到了胜过亲生妈妈的海滨好家长、好老师们,内善于心、外雅于行,相信在大家爱的包围下,他定能茁壮成长,长成一名懂得感恩、乐于奉献的善雅好少年!

善心满园

青岛西海岸新区海滨小学　张玲

作家村上春树说:“你要记住大雨中为你撑伞的人,帮你挡住外来之物的人,黑暗中紧紧抱着你的人……是这些人组成你生命中一点一滴的温暖,是这些温暖使你远离阴霾,是这些温暖使你成为善良的人。”从教六年来,周围的人也慢慢由陌生变得熟悉。在茫茫人海中偶遇,有时候只是一个微笑,或者一句暖人心扉的话语,却点亮了我的眼前路,温暖着我的青春岁月。

我觉得自己特别幸运,身边总会有很多温暖的人做着许多温暖的事。一年级办公室里的姐妹们就是这样一群温暖的人。每天早上,你都会看到某个教室的窗前,会有苗老师在开窗通风的身影;走廊里时常出现海燕老师提醒学生注意安全,靠右行走的叮咛声;教室里有晓琪老师督促学生读书的身影;办公室里有杨老师在执勤前烧水泡茶的忙碌身影。“叮铃铃”一阵电话铃声响起,“玲,咋还没来,用不用给你带饭啊？”

有一次,俩娃感冒发烧了,早起先给师傅打电话,早读的时候帮忙瞅一眼孩子们,晚去一会,带娃看医生去。紧赶慢赶在上课前到校,狂奔到教室后,一切都非常有序,晓琪老师在我们班,杨老师在三班。师傅还说这么早回来了,我说怕大家忙不过来,结果师傅笑着说:“这有啥,今早一说你晚来会,孩子不舒服,晓琪就去了你们班,杨老师看三班。挺好的,都很自觉。”短短的几句话,瞬间湿了眼眶,在大家看来只是顺手的事,让我觉得特别温暖。这样的小事其实有很多,在地震演练中,在操场清点人数时,看到师傅领着我们班小梅过来,一嘴的血,“玲,快看看她,磕到了。”赶紧查看情况,和领导上报,联系家长。因为孩子的特殊情况,紧张得我有点乱了方寸,是这群温暖的人一直陪着我,安慰着我,分析原因,帮我和家长沟通。正是这群可爱的姐妹们让我的小白成长路变得一帆风顺。

温暖，是一剂万能药，你无时无刻不需要它，有了温暖你才会感到光明与欢乐，有了温暖你才不会感到失落与孤单，有了温暖，你才会更自信地笑对明天。请记得那些对你好的人，因为他们本可以不这样。让我们一起做个温暖的人。

阳光里的禾

青岛西海岸新区海滨小学 郭秀霞

值午餐时，我发现了禾和晓晓老师坐在一起吃饭，禾颇为骄傲地看着我，大约是在炫耀他能和老师坐在一起吧。我猛然想起，四年前禾作为随班就读学生报名时的情景，他在郑校长办公室拿着喷壶给小花、桌子、书本浇水，嘴里念念有词，大体意思是“快快长大”。而今的他，满眼星星，不由得让人恍惚：四年时光，镌刻在他身上的是什么呢？

这还得从他刚入学说起。那时，禾是一个生活在自己世界里的孩子，有妈妈陪着报名可以，但自己到学校上课是极不情愿的。于是，每天早上，班主任苗老师到门口接他成了家常便饭。下午放学，又牵着他的手送出校门。说真的，班里有这样的学生，对班主任是莫大的考验，因他上课自我管理能力差，经常打扰别人，苗老师还要时不时地对班级其他孩子的家长做解释，争取大家的理解。不久后，我转早读，发现禾能自己走进教室了，还很高兴地对苗老师说：“苗老师，早上好！”我惊讶于他的变化，苗老师说：“禾其实是个要求进步的好孩子，有一次他自己进了教室，我当着全班同学的面表扬了他，他很高兴，主动要求我放学牵他的手就行。”原来，牵手的关爱给了他妈妈般的温暖，他由爱上苗老师而爱上了上学。

我一直担心禾上二年级换班主任不适应，没想到晓琪老师从苗老师手中接过接力棒，出奇地顺利。不过上学放学牵禾手的人换成了班上的小帅，晓琪老师说，相比于老师，二年级的禾更需要同伴的陪伴。是啊，孩子的成长怎离得开小伙伴呢？懂他，就给他最合适的爱。

三年级的禾明显长高了一大截。这一年，禾的妈妈给他生了个小妹妹，禾很爱小妹妹，下了课就找他的新班主任晓燕老师，说妹妹如何可爱，他要把玩具都送给妹妹，还要给妹妹画许多漂亮的画。禾是天使，他爱身边的每一个人，但禾又是先天不足的孩子，他约束不了自己，打扰老师上课的事时有发生。怎么让他安静下来，可费了晓燕老师一番脑筋。那天他说画画给妹妹，晓燕老师灵光一闪：“你喜欢画画？”得到肯定回答的晓燕老师第二天就送给禾一盒彩笔，禾安静下来了。据晓燕老师说，禾还送给她一幅画呢！构图和着色都不错，晓燕老师感慨自己发掘了一个绘画天才，其实我更感动的是老师用心捕捉到一个特殊孩子有趣的灵魂，让他做自己喜欢的事情，他才更自信、更幸福。

从牵手到放手，从同伴互助到自我成长，随班就读的禾沐浴在爱的阳光里，长成了阳光少年。后来我采访了陪他吃饭的晓晓老师，原来禾上四年级后挑食，不愿意吃蔬菜，导致营养不良，晓晓老师就特意陪他一起吃饭，老师吃一口菜，禾吃一口菜，老师表扬一句“禾真棒！”时间久了，不表扬也能吃得津津有味。

禾是不幸的，禾又何其有幸！他的四位班主任、任课教师和同学们，一路陪伴，将爱传递，让禾的世界洒满阳光。亲爱的禾，上帝给你关上了门，我们就在窗外等你。

善要用心 贵在坚持

青岛西海岸新区海滨小学 韩曜炜

今年已经是我工作的第六年了,也是我教这些孩子的第三年了。在这个班级中,和这些孩子们,发生了很多的故事。我和学生们的故事仍在发生……

在我们班有好多活泼好动的小男孩,其中一个叫小浩的小男孩尤为活泼,说起这个孩子,真是有说不完的话。在办公室里,他成为了任课老师们经常提起的孩子之一。我接触这个孩子已经三年的时间了,这个孩子我是从一年级带上来的,对这个孩子真是“又爱又恨”。在课堂上他积极回答问题,但注意力差,很容易分心;善于思考,但是不能将想法落实到笔尖上;喜欢表现自己,但是不能长久坚持……对此,我曾和他进行过很多次深入的谈话,每次都是主动承认错误,但又很快再次犯错,让我自己产生了一种“无力”的感觉。

直到有一次我提前进教室准备上课,正好碰到英语老师有些生气地说:“小浩,你真的是经不起表扬!”我就在旁边了解了一下事情的经过,原来他又在课堂上调皮捣蛋了,我就在旁边和英语老师打配合:“我今天刚跟英语老师表扬了你,你怎么这么快就辜负了老师的表扬呢。”没想到我话音刚落,他猛地抬起头问了一句:“老师你什么时候表扬我了,我怎么不知道。”一时之间我有些愣住了,想到自己好像是在办公室和英语老师聊起他的时候,表扬了他,并没有当面表扬,也难怪他会有此疑问。后来,我深刻地反思了一下。想起来,平时我总觉得他调皮,过于关注他的“错处”了,反而忽略了他身上的闪光点,的确很少表扬他。从今天这件小事来看,孩子还是很在乎老师的表扬和肯定的。是啊,调皮的学生也是学生,和大家一样都希望得到赏识和表扬。

从那以后，我就留心观察他身上的“闪光点”。在课堂上，只要看到他认真听讲积极回答问题，我就立刻表扬他，然后我就看到了更加积极的他；列队上操或升旗时，只要他立正站好了，立刻表扬“小浩站得最直”，然后我就看到了站得更加笔直的他；课前晨读时，我发现他读书声音特别响亮，立刻请他到讲台前给同学们做示范，然后就发现他不仅声音响亮，还很有感情……经过一段时间的努力和观察，我发现他在课堂表现，作业完成情况等方面都取得了一点小小的进步。但毕竟小孩子的自控能力比较差，要想在很短时间内把坏习惯全部改掉是不现实的。所以遇到他上课又很不认真，小动作不断，拖拖拉拉等情况时，我并不灰心，因为我知道教导这种学生是需要时间，也是需要耐心的。我坚信，只要我能放平心态，多发现他的闪光点，并且坚持下去，总会有效果的。虽然这个过程是漫长的，但我想尝试一下。

保持一颗“善良”的心，做有益于学生的事，这是我对“善雅教育”最浅显的理解。用平等的身份，用亲切的目光，用赏识的话语给每一个学生以自信和鼓励，只有这样，学生才会“亲其师，信其道”，才能成为自己所期望的人。

课堂一瞬间

青岛西海岸新区海滨小学　张秀娣

班上有一位同学，他叫赵伟。矮矮的个子，胖嘟嘟的脸庞，脸上每天却布满了阴云。不开心的他坐在教室里，显得那么孤单。虽然下课后的教室里充满了欢声笑语，但这一切好像都与他无关。一个人偷偷地望着窗外，一个人默默地听讲，虽然他总是听不明白，但也是有板有眼地坐在那里。

初次给这个班上课，我就注意到了他。后来他的名字就被我牢牢地记住了。因为他的作业不仅像一场刚刚结束的战场，一片慌乱，而且他的字就像是拖着铅笔任意地画了一下一样，无法认清是什么字。对于他的作业，我基本靠猜来完成批阅。更有甚者，在每天早晨的作业汇报中，在没有完成作业的名单中，他总是榜上有名。

这是个难题，我得面对，更得想办法解决。于是我想到了一个注意：给他找一个“担保人”。

在把他喊道教室前边时，我向全班发起提问：“同学们，赵伟同学没有完成作业，怎么办？”大家七嘴八舌，有提议补上的，有提议告知爸爸妈妈的，更有提议罚他抄写几百遍的。我再次发出灵魂提问：“这样他就会坚持每天完成作业吗？”同学们摇了摇头。“谁有好办法？”一个机灵的同学立马举手抢着回答：“老师，我来监督他。”“你们还给他机会吗？”“给！”几个同学的声音断断续续，“还有吗？还有谁愿意给他一次机会？”听了我的启示，其他同学巡视了一下教室，竟然陆陆续续一个接一个地举起了自己的手。这时的赵伟，双眼充满了泪水。我让他自己数一数，有多少同学愿意再给他一次机会。就在还没有数完的时候，他就突然哭了起来，并且向同学们深深地鞠了一躬：“同学们，谢谢你们！”此时掌声轰然响起。此后那位答应监督他的王凯，就成了他的担保人，虽然有时候也会和他一起补作业，但更多的时候，是放学前就去提醒他记得完成作业。

期末考试到了，当赵伟同学拿到自己的试卷，看到自己的分数时，他站了起来，告诉我："老师，我有话说。这是我第一次考试及格，并且是良好，我要谢谢我的担保人和组长，是他们没有放弃我，一直在鼓励我、监督我、帮助我。谢谢你们！"此时的教室里掌声雷动，我瞬间泪流满面，静静地站在讲台上，一句话也说不出来。

直到今天，我都会被这个故事感动，既被自己感动，又被善良的孩子们感动，更被那个勇敢站起来的孩子感动。

逆行者，你最美

青岛西海岸新区海滨小学　张雁飞

2020年春节，突如其来的一场新冠疫情给全世界带来了重大灾难，在危难时刻，无数逆行者，在平凡而又伟大的岗位上，谱写出无数可歌可泣的英雄篇章，海滨小学的董亚军老师就是这一群抗疫战士中普普通通的一员。

在经历线上教学的几个月后，海滨小学师生在5月底陆续返校。据统计，海滨小学外来务工人员子女多达三百余人，来自22个省，校园疫情防控工作面临严峻挑战。董亚军老师作为学校的校医，不畏艰辛、不畏疫情、事无巨细，以严谨认真的态度投入到了开学前疫情摸排防控工作中去。白天，在空中课堂传播抗疫知识，夜深了，她还在统计汇总，她常说："一定要让师生安心，让家长放心。"

5月底的天气已经慢慢热了起来，董亚军老师每天在校门口测温点执勤。疫情防控常态化，她需要穿着密不透风的隔离服，佩戴防护镜等防护装备，每次脱下隔离服已是全身湿透，可是她从不叫苦叫累，从不畏惧，成为校门口疫情防护一道牢固的大闸。

疫情常态化下，校园防疫工作琐碎，而容不得半点马虎。董亚军老师在教学授课之余，每天对师生的体温和各教室的消毒通风都需要督促、统计、做台账，对于疫情不留一点隐患，把普通的工作做优做精。

因为有你，善心雅行更加坚定不移，海滨校园变得更加美丽。

让善常驻学生心田

青岛西海岸新区海滨小学　孙琳琳

小时候，不止一次地被问到一个问题，你长大了想做什么？那个时候，因为敬佩我的老师，我就不假思索地回答：我想当老师！

渐渐地，它也就成了我的理想，我的梦。那时的我总梦想着当了老师的自己会是怎样的呢？是和学生打成一片，做最知心的朋友？还是竭尽所能，不只教书本知识，更要教他们怎样做人？我的青春，因为有了教师梦而变得绚丽起来。

2017年8月，梦想终于实现了！初为教师的我满怀激情地站在了教育这片蓝天下，我知道：只有不忘初心加油干，做一名让人民满意的优秀教师，才能更好地践行十九大精神。正如习大大告诫我们的：做好老师，要有理想信念、有道德情操、有扎实学识、有仁爱之心。

蓦然回首，光阴已悄然溜走，那些鲜活的教育故事许多都已随着时日的流逝而渐渐淡忘，唯有其中二三事，仍沉淀在记忆中，感悟至深。

我也很可爱

二年级时，我班新转来了一名男生：大大的眼睛，瘦瘦的身子，开学第一天就主动跟我打招呼，机灵又有礼貌——这是张涛同学给我的第一印象。可惜应了“人不可貌相”这一句老话，一周之后，我发现这个学生真的是令人头疼不已。上课不认真听讲，课间追逐又打闹，默写背诵一团糟，是个名副其实的后进生。一段时间内批评教育充斥了张涛的日常学习生活。每当谈起张涛，几位任课老师都是无可奈何，甚至一年级教他的老师断言：“在这个孩子身上真的找不到任何优点。”……面对这些问题，我经常把他叫到身边，动之以情，晓之以理，教育他要遵守纪律，和同学要和睦相处时，他总会找理由给自己开脱，然后在不争的事实面前，又很快地向我保证："老师，我以后不这样了。"可是，每次都没有结果，他的保证也是一句空话。

为了有针对性的引导，我先深入地去他家家访，看了他在家自主学习时的状态，通过了解，我发现他的所有家庭成员都特别溺爱他，他整天都被这种溺爱包围着，致使他诸多的能力都被掩盖了。于是我和他的家长沟通，适时地制定了一些循序渐进的转化方法，希望可以一步步唤醒他那处于"冬眠"状态的上进心。

接着，我发动全班的同学一起帮助他，在班级"光荣榜"附近放了一个本子，封面上写着："加油吧，少年！你真的很棒！"要求同学们主动记下自己发现的张涛做过的值得家长和老师表扬的事，哪怕是一点点微不足道的小事……第一周，我翻看记事本时，发现里面竟然都是空白的，询问孩子们时都说没发现他的优点。于是我把当天课间操时正好看到的一件事——"课间操时间，张涛主动捡拾操场上的纸片"记录在记事本上，并讲给了孩子们听。渐渐地我看到记事本的扉页上有了越来越多孩子们的字迹，"今天张涛在上课铃声响后能自觉地做好了""上课时张涛认真听讲被陈老师表扬了""今天课间张涛没有给其他同学捣乱"……关心张涛的同学越来越多，很多同学愿意帮助他学习，与他聊天，他也渐渐地找到了学习的信心和兴趣。我一边鼓励孩子们继续记录下去，争取每天发现张涛的闪光点再多一点，一边鼓励张涛继续努力，让自己每天的表现更棒一点。

一次次表扬，一阵阵掌声，一份份小喜报……极大地增强了他的自信心，也让他拥有了归属感和集体荣誉感。终于，张涛的改变有了质的飞跃，最明显的是表现在纪律上，上课注意力集中的时间长了，基本能保持一节课；回答问题也积极了；课间还主动去图书角借书看。同班老师也告诉我："咦，你们班的张涛同学比以前可爱多了嘛！"看到他这样的转变，我打心底里替他高兴。家访时，他的妈妈也为孩子的改变而热泪盈眶。

与人为善，于己为善

那天是星期三，课堂上，为了检查学生对于上节课知识的掌握情况，我开始让他们先回顾复习，我采用的是"随机选人"的方式，通过我先随机选出一个学生让其回答问题，第二名学生由第一名被抽查到的学生随机选出，这样进行了两三分钟。这时有个学生随机选出了一名成绩特别差的同学后脱口而出："他肯定不会。"同学们听了哄堂大笑，大家都在等着看他的笑话。我没有发脾气，我只是轻声的说了几句话：我不知道同学们大笑的原因是什么？丁亮同学都还没有回答这道问题。即使你明明知道他不会回答这个问题，身为同学我们都应该互相帮助，你也可以当一次"小老师"来帮助他，而不是总想着看别人的笑话。如果你是他的话，你会怎么想？只见大家安静下来，她也深深的低下头。下课后，这位同学找到我，承认了错误，说以后都会主动去帮助丁亮同学，自己要做一个善良的人。她也希望把能善良带给别人。

教育不是牺牲，而是享受；不是重复，而是创造；不是谋生手段，而是生活的本身！只有汇聚起育人的点点滴滴，丝丝缕缕，把青春热血融入教育中，躬身于教育的沃土，生命才有了迷人的色彩。不忘教育初心，牢记育人使命，绽放最美丽的自己，谱写最灵动的诗行！

别看人小品行高

青岛西海岸新区海滨小学　孙增煜

今天是开学的第二天，经历了一天的忙碌，终于是下班时间了，放下了手头上的工作，开启了开学第一周的家访工作。

我拿出手机首先联系了晓燕家长，家长热情地愿意接受我的家访，我骑上车子来到了晓燕家里，这是一栋破旧的二层小楼，进入楼道漆黑一团，家长拿出手机打开电筒，我们在微弱的灯光下踏过楼梯来到晓燕家里。一进门便是客厅，客厅很小，勉强才能容下三个人聚坐。我环顾四周，室内灯光微弱，破旧的沙发中间有一个小小的茶几，从室内的陈设可以看到一家人生活得艰难。大家相互寒暄了几句，便引入正题："晓燕是我们班的班长，对班级工作很负责任，堪称老师的好帮手，学习也很用心，全面发展，作为老师，我真的很喜欢晓燕。"晓燕的妈妈听了表示感激，连声说："谢谢老师。"

这时我发现，晓燕的妈妈开始流泪了，激动地谈起了晓燕的故事。妈妈说："晓燕是一个很懂事的孩子。寒假回到农村老家诸城过年，正赶上年迈的奶奶病倒在床上，全身瘫痪卧病在床，生活不能自理，晓燕主动挑起了照顾奶奶的重担，白天为奶奶按摩、捶背、洗衣、喂饭，晚上依偎在奶奶旁边陪她聊天、解闷，勇敢地承担起了大人的义务。"奶奶很是感动，有时也很惭愧，经常喃喃自语："我老了，不中用了，还给孩子们添了这么大的麻烦。"说着说着老泪纵横。晓燕连忙劝奶奶放宽心，不住地宽慰她："人吃五谷杂粮，那有不生病的，好好锻炼一阵就会好的。"奶奶听了也许是感激，也许是高兴，连连点头。我听了也很感动，内心有一股酸楚的感觉，连声夸奖说："想不到，晓燕不仅是一个学习的好苗子，而且还是一个内心充满爱心的好孩子，听了她的事迹，我很感动。"

晓燕的妈妈接着又说："我们来到这儿打工，为了省点钱，只好租这样破旧的房子,孩子自尊心很强,她说以后为了更好生活,一定努力学习,扎扎实实地走好人生之路。充当起家庭的顶梁柱,为父母为家庭排忧解难。”我听了连连点头,连声说:“好,孩子真的很懂事,既然有这样的志向,她一定会成功的,那就让我们一起祝福孩子前途光明,鹏程万里吧。”

而后又和家长在孩子的学习、生活、习惯养成等方面进行了深入地探讨,其乐融融,感受很深。不知不觉一个多小时过去了,我起身和家长告辞,家长热情地送了我很远,连声道谢。

回到家里,内心难以平静。刚才的一幕幕情景时时浮现在眼前,我为我们班有这样的好学生而感动,孩子内心的强大也给了我工作上的鼓励,为了这些争气的孩子,我一定要以身作则带好这个团队,要在各个方面照顾好他们,了解好他们,做他们的表率,充当他们的领路人,带领他们不断地努力学习,努力工作。夜渐渐深了,但我毫无睡意,拿起手中的笔,连忙写了这样的一段话:漫漫人生,苦乐相依。时而会风轻云淡,时而会风雨同行;时而会一帆风顺,时而会崎岖不平。无论经历多少坎坷和困难,无论承受多少苦痛和折磨,终究要相信阳光总在风雨后。

尔后,晓燕的事迹开始在学校传播,同学们掀起了学晓燕,争创善雅好少年的热潮。

师德师风润善雅

青岛西海岸新区海滨小学　高喆

教师是太阳底下最光辉的职业。什么是好老师？就像习近平总书记说的那样，好老师要有理想信念、有道德情操、有扎实学识、有仁爱之心。我的身边就有一群这样的好老师。

加入海滨小学这个大家庭已有一段时间了，在这个大家庭里给我最多是感动，让我感受最深的是榜样的力量。

离开原来的工作单位，来到海滨小学进行交流学习，我的思想上有一定的压力，甚至迷茫过，苦恼过。但是，当我看到学校的老教师们，我顿感惭愧。他们从年轻时就选择了教育事业，把自己最美好的年华奉献给了海滨小学，奉献给了一代又一代的学生们，我还有什么理由选择逃避？逄永忠老师是个热心肠，他主动与青年教师分享语文教学经验，帮助青年教师成长；安丰国老师热爱学习，时常看到他向青年教师学习畅言智慧课堂的运用；孙增煜老师作为班主任，每天总是早早地进入教室，等待着孩子们的到来……虽然他们已年过五旬，但他们依然坚定自己在教育上的理想信念，着实让人钦佩，他们值得我们每一位青年教师学习。

中年教师是学校的中流砥柱，他们业务精湛，教学能力突出。王宗亮老师堪称完美的数学课堂，周丽丽老师行云流水的板书，丁吉霞老师激情澎湃的语文课，丁宝霞老师细致入微的班主任工作……他们用自己扎实的学识培育着每一个孩子，用自己的仁爱之心践行着一位教育者的初心。

青年教师，以青年人独有的朝气，正在书写着自己的教育故事。石晓晓老师经常拿出自己的午休时间，对学生进行心理辅导；泥雪老师对学校安排的工作总是欣然接受，加班加点是她的家常便饭，可她从不抱怨；史晓燕老师，始终不忘自己最初的教育梦想，勤勤恳恳，在教学和比赛中取得了一项又一项的好成绩……作为青年教师，我们定当不辱使命、不负期望，担起青年教师应有的时代责任。

我所看到的，毕竟是这其中的一少部分。因为他们更多的是选择坚守，选择默默地奉献。随风潜入夜，润物细无声。老师们用自己的实际行动感染者我，也教育着每一位学生。我相信我们海滨小学的每一老师都是当之无愧的“最美教师”。

学中寻善，干中显雅

青岛西海岸新区海滨小学　刘伟

还记得那是2016年的秋天，作为一个刚刚入职两年的音乐教师，临危受命，担任604班的班主任，自己深知这是学校对我的一份信任与认可，但对于我来说是一种挑战，第一次独自面对45名学生的常规管理，心中难免有些忐忑，虽然故作镇定，但心中有些不知所措，就这样带着各种顾虑，踏上了班主任的道路。

按照学校分工，我担任604班班主任，任教我们班的音乐课，担任语文教学的是孟兆英老师，担任数学教学的是李增萍老师，两位老教师也是第一次接触，不了解脾气秉性如何，给我的第一印象就是年龄如父母般大的慈祥中年人，“小刘，你第一次接触学生，一定要严肃一点。”一个声音传入耳朵，回头一看，李老师，本来正在为如何面对学生而发愁，突然来了及时雨，心中别提有多高兴了，回了句：“好的，谢谢。”

进入班主任的角色中，实际工作与想象中的大相径庭，工作起来非常的顺利，每当有不懂的事情，四个班主任，聚一下讨论一番，立马确定了工作方向，做起来也是得心应手，音乐教师作为一名班主任，在学生和家长中的权威性多少会有些不足，每当这时，李老师和孟老师都给了我极大的帮助，经常教我如何和学生沟通，如何与家长交流。课间操每当我有事情不能带操时，李老师和孟老师都会主动提出来帮我代班，让我心里感到温暖如春，每次家长会时，由于我作为音乐教师的特殊性，给每位家长讲述学生的管理，以及学生在学校的表现显得有些单薄，其实家长最想听到的、最关心的还是孩子的成绩如何。而李老师和孟老师每次都会逐一分析每位学生的成绩表现，每当看到分析自己孩子成绩时，家长脸上那认真的神情，我的心中也有些许的欣慰，每当此时他们俩不忘把功劳留给我，都会在结尾时说道，我们班之所以能取得好的成绩，离不开刘老师的精心管理，在家长面前给我树立了威信，让我在以后的班级管理中得心应手。

在这一年的时间里，还有太多温暖的时刻，温暖的事情。记得那年由于各种原因，四个班中有三个初出茅庐的青年教师干班主任，对于班主任的具体工作不清楚，多亏了有业务能力较强的窦婷婷老师对我们的巨大帮助，那时候说的最多的话就是，“窦老师，班队会记录怎么弄？窦老师，家长会发言稿具体讲什么内容？窦老师，班级文化创建怎么创建？”有太多的问题。每次，窦老师都会细心解答，毫不吝啬地把她的内容让我们借鉴使用。那些时光是累的、充实的、快乐的。每到中午，我必须要趴在桌子上眯一会儿，窦老师好像中午没休息过，我们开玩笑地说:“窦老师，你真是女强人啊！”

那年的运动会，我们六年级级部方队获得了一等奖的好成绩，那一年的六一儿童节节目展演，我们六年级级部获得全校师生的一致好评，那年有太多的成果，那年有太多的汗水，那年有太多的快乐，那年时间过得太快。同时，那年也有太多的不舍，脑海中留下的是太多的回忆。

转眼间到今天，那年已过去四年有余了，转眼间，上班近七年之久了。从一个刚迈出大学校园的懵懂青年，成长为一名基本合格的人民教师。在这七年的时光中，有太多让我感到温暖如春的人，有太多让我感到欣慰的事情。感激之情，无以言表，让我在心底深深地说一声:“谢谢！”正是因为有你们的帮助，才让我在工作中成长，正是有你们的帮助，才让我在工作中不再迷茫彷徨，赠人玫瑰，手有余香，感谢有你，四季如春。

善雅，伴我和孩子们同行

青岛西海岸新区海滨小学　李增萍

年关临近，一切都是那么急匆匆地扑面而来。

2020年，我们遭遇了罕见的新冠疫情，这次已经影响了人们的生活。我有些心急，虽然疫情期间进行线上教学，疫情后组织了完善的复课复学工作，学生们由网上学习回到班级课堂学习。回归学校后，我通过知识的梳理和各种检测，发现脱离班集体学习的后遗症显现出来，学生们对知识的掌握参差不齐。

这正是年关前的复习期间，一个有利的学习时机。我便加快了学习的节奏。这两周内，学生学习只是综合知识的应用，重点在学生的思维拓展能力培养上下功夫。选题、编题、做题，挖掘思维的拓展点和兴趣点，连续熬了几个通宵，身体便有点吃不消，渐渐有点儿咳起来，便吃点儿消炎药来抵挡。时间如流水，我只有帮助孩子抓紧时间，尽最大努力培植他们数学素养的根基，积蓄能量，他们才能走上更好的平台。师者仁心，看到孩子们的健康成长，作为他们的老师我也会感到欣慰的。

星期一，天阴沉沉的，天气预报的降温果然来临。上午第二节课，我走进课堂，班里的御寒服增加了不少，孩子们正静静地等待我的到来。今天要讲的是三角形的面积。“同学们，三角形是生活中常见的图形，应用广泛……”突然喉咙像被卡到了鱼刺，痒痒难耐，我大声咳起来，全班四十多双眼睛都望着我，课堂上没有一点声音。我不想让同学们这么看我，就转过身去在黑板上板书一道题，但是咳声仍然没有停止。这时我意识到，人有时候靠意志力很难控制一个器官的运动。忽然有人在我的身后轻轻拽我的衣服，我回过身来，看见丁玥嘉举起一只小手犹犹豫豫地伸向我，目光里充满着期盼，她的手里托着一块淡黄色梨膏糖，大概是怕我拒绝，目光忐忑。她怯怯的说:“老师,给你,薄荷糖——能止咳的。”我瞬间明白了孩子的心意,从她小手接过来放进嘴里,告诉同学们自己违反一次课堂纪律吃一次零食。梨膏糖起了作用,我干涩的嗓子得到了缓解,清爽的感觉沁入心底。丁玥嘉这个孩子平时不怎么说话,学习也不突出,这是个再平凡不过的孩子,今天我应该重新认识她了。我发现善良已经在她和同学们的心里发芽。课堂静悄悄的,这堂课我感觉孩子们听得特别专心,似乎是怕我说话用力嗓子再次卡住。

第二天上午,第一节课又是我的数学课,我早早来到教室,等待孩子们到来,准备早读,雨墨走进教室顺手把手里的一个纸袋递给我说是这东西是妈妈让带来的,让我每次吃一小瓶,这样上课就不会咳嗽了。我看了看是四个小小的精致的玻璃瓶,每个里面都有几块梨。下课后我打电话给雨墨妈妈表示感谢,雨墨妈妈说是孩子回家问她怎样能治好咳嗽、嗓子沙哑,她才知道我的情况的,她晚上就去买了川贝母、冰糖和梨给我炖了梨膏。瞬间我知道了这一切,我打开小瓶细细评味这种爱的味道。两天过后我的嗓子迅速好了,上课不再干咳。我的心内充满感动,干咳的快速好转应归功于梨膏糖滋润,川贝炖梨治疗的结果,可一定还有别的东西影响了我。

正如玥嘉、雨墨等同学和他们的妈妈们,他们的关心和帮助不正是为人之良善和悲悯之情怀的展示吗?这不正是教育所追求的真谛吗?我深深理解这一点,并为之努力。我常问自己,我为什么会对一堂不成功的课,一次不够深入的谈话,一道不够清晰的题解等多个不理想的“一”而耿耿于怀?因为我是他们的老师,我要以普普通通的教师身份来影响和引领孩子们,让他们有善雅的言行,努力践行并根植于内心。我要以勤勉工作来要求自己,以自身知识给予孩子们智慧,让他们拥有善雅与爱的能力。我坚信爱会复制,善雅是根基。我将和孩子们携手同行,坚定地行走在追求善雅的路途中!

一个创可贴的温暖

青岛西海岸新区海滨小学　曲艳娟

阳春三月，万象更新，有这样一种职业，在家里，我们是母亲，在家外，我们可能是几十个孩子的“妈妈”。这就是女教师，在教育这片沃土上，我们辛勤耕耘，挥洒汗水，我们是青岛西海岸新区教师群体的缩影，巾帼不让须眉，在三尺讲台上坚守初心，砥砺前行在教育追梦的路上。

在前行的道路上，苦乐相伴，有太多的故事，更有太多的感动。

2017 年夏天，我正式成为一名小学老师，开启了我教育生涯的崭新篇章。

初来乍到，我接手了五年级一班。晓雯是这个班的班长，最初注意到她，是因为她的个子很高，由于刚开学时，班里的同学我还认不清，每次上课间操，只要看见她出来了，我就找到我们班的队伍了。她性格不急不躁，为人随和，她在班级威信很高，同学们都把她当作“大姐姐”，大部分时候也很听她的话。慢慢的，她变成了我的左膀右臂。我偶尔不在学校时，她也能协助代班老师把班级管理得井井有条。

记得那是一个星期五的上午，我由于讲课太“投入”，拿书时不小心被订书钉划破了手指，可能划得有点深，血直接留下来滴在地上，我当时并没在意，用纸巾包上后，继续上课。中午值班，下午教研活动，每一个星期五都是在匆忙中度过。教研结束时已经到放学时间了，我迅速赶到教室，发现晓雯正在有序地组织同学们站路队，在下楼梯时，她偷偷塞给我一张纸条，我想一定是告状的小纸条吧，就没急着打开看。把孩子们都送出校园后，我突然想起那张纸条，打开一看，感动不已，上面写着：老师，今天下午除了小明、小锐、小颖，其他同学表现都很好，老师，你的手受伤了，还坚持给我们上课，你周末要好好休息，把伤养好。在纸条的下面，还放着一个创可贴，我的眼睛湿润了，突然觉得付出的一切都是值得的，而我作为教师的这一角色，也因为这些可爱的孩子们变得更加立体生动起来。

一年的时间很快就过去了，我和孩子们也培养了深厚的感情，进入六年级时，全区化解大班额，也就意味着要分班了，我们班要有 11 名同学被分到 5 班，我也万万没想到，晓雯正巧就在被分出去的那个组里，听她妈妈说，因为分班，她哭了好几天。

接下来的日子，我们偶尔会在走廊相遇，她也会利用中午时间经常回到原来班级看我，其实在我心里，他们从来都没有离开过。

我很荣幸，因为我从事的是太阳底下最光辉的事业。遇到了一群群可爱的孩子们。虽然苦过，累过，也有过心酸，但更多的是满满的幸福感，以及诸多说不完的故事。

作为新时代的教师，在今后的教学生涯中，我将以更饱满的热情、更宽广的胸襟、更扎实的学识，去拥抱我遇到的每一个孩子，用我的爱温暖他们，照亮他们内心的每一个角落，让爱的种子在广阔的大地生根、发芽。

做善人雅士

“三哥”校长

青岛西海岸新区海滨小学　郭秀霞

“三哥”是海滨小学的校长。刚调来时，大家都在背后叫他“三哥”，我私以为他因名字中有“叁”而被称为“三哥”，随着共事时间渐长，“三哥”校长走进了海滨小学每一位师生心中，我才品出了“三哥”更亲切的内涵。

2019 年 6 月，“三哥”初到海滨，彼时的海滨由村小划为局属，各项工作刚刚起步。“三哥”一来就一头扎进学校，每天第一个到校，最后一个离开，深入教室、办公室，转遍校园每一个角落，掌握第一手资料。仅用半年，“三哥”就带领海滨小学全体师生荣获了青岛市文明校园、四星级阳光校园、高水平现代化学校、优秀家长示范学校等系列荣誉，随之而来的是学校教学质量和群众满意度的大幅提升。

“三哥”将学校发展“大事”常记心上，也不忘教师学生的小事情。让全体教师吃上早餐就开辟了海滨历史的先河。

记得“三哥”提议教师到校吃早餐的时候，还颇费了一番周章。教师的职业本来就早出晚归，又有不少教师家有小宝需要伺候，再早出门近半个小时，宝妈们是不大情愿的。说实话，当时小儿正在上初中，早餐需好好料理，我也觉得自己恐怕是不能到校吃早餐的，但“三哥”的一席话，却打消了我们的顾虑。他说：“到学校吃早餐有三大好处，一是早走半小时，不堵车，从容；二是活动开了，到校吃饭香，身体好；三是饭后值班、看早读，到岗快，确保安全和质量。”的确，早餐开起来后，“三哥”说的到校吃早餐的优势越来越明显，家有小宝上学的，先给孩子准备好早餐，再从容出发，上班平添了一丝惬意。后来我细品“三哥”的话，才发现他用换位思考走进了老师的内心，让我们从一餐饭中悟出了为人处事的道理。

在“三哥”的带领下，海滨洋溢着家的温暖。面对教师，他是真诚热心的兄长；面对学生，他是敦厚善良的长者。

去年(2020)春，因疫情学生需要在家上网课，网课开始前，所有干部、班主任、任课教师都参与到摸排困难学生的工作中，家里网络不好的，学校出面联系村委、居委解决，甚至摸排到困难学生附近的其他学生，组成学习互助小组，共用网络上课。那天，干部正在汇总各班摸排情况，传达室打电话说有一个学生带着奶奶来到学校门口，说有困难，无法上网课。“三哥”叫上我们匆忙赶到校门口，一问才知道，这个六年级的孩子是单亲，家里不但没有网，连智能手机都没有！正在我们一筹莫展时，就听“三哥”说：“我家里有一个手机，明天你到传达室来拿吧。”问题就这么解决了！几个干部面面相觑，我们咋没想到呢？（后来又有学生没有智能手机的，薛主任也毫不犹豫地捐出了他的手机）本以为问题解决家长就领孩子回去了，谁想到孩子奶奶嗫嚅道：“有手机也没有流量啊！”原来他们租住在袁家村，条件特别艰苦，周围也都是租户，想蹭个流量都不可能。“三哥”立即从口袋里摸出 50 元钱递给孩子的奶奶，“先给他买一个月的流量，后面有困难尽管向学校反映，学校一定会想办法解决的。”捐手机、捐钱，“三哥”做得那么自然，学生就是他的亲人，困难在他眼里根本不值一提。“三哥”用行动给我们上了一课，爱学生不是一句口号，善心不需要宣扬，自然流淌的爱最暖人心。

“三哥”做事雷厉风行，对待他人却体贴入微。大到干部教师之间的矛盾冲突，小到教师学生的饮食起居。那年和大队辅导员到困难学生家里家访，见学生衣服脏了没人洗，两人当场帮孩子收拾卫生、洗衣服。作为学校管理者，难免要和老师发生摩擦，“三哥”劝我们最多的话是“咱们作为管理者，受点委屈就受点委屈吧，群众的眼睛是雪亮的。”大家共事，有什么比信任更重要呢？

“记人好处，学人长处，帮人难处。”“三哥”是这样说的，更是这样做的。来海滨不到半年，“三哥”就确立了学校“善心雅行”教育理念，并通过立项课题展开研究，让每一位海滨人都能“善良做人，雅行处事”。这是“三哥”的教育理想，也必定会成为海滨人的教育目标和坚定信念。

善雅好保安

青岛西海岸新区海滨小学　张明叁

我们学校有一名女保安，她的名字叫张济超。矫健灵巧的身体，浑身充满了自信和阳光。虽然保安工资不算高，但她从不埋怨，对工作一丝不苟，积极主动，尽职尽责，从她口中从未听到过嫌弃活累、工资待遇低之类的话语；对同事、热情帮助，微笑服务。她是我们学校一道亮丽的风景线，无论她出现在校园内哪个地方都自带光芒。外来我们学校的领导、家长，无论是熟悉的还是陌生的，都对她彬彬有礼热情周到的服务赞不绝口。

学校保安主要工作是保障学校门口安全，特别是出入校门口的师生的安全。只要她在岗值班，各项工作都是按要求做得有条不紊，既做到了对进入校园的外来人员进行严格审核登记，又让每一个外来学校办事的人员感受到她的热情服务。每天清晨她早早来到学校，把校门口打扫得干干净净，把传达室收拾得让人感到温馨。作为一个女同志，每当学校门口有什么活，她都主动向前，不怕脏不怕累，不管是份内的还是份外的工作，只要她看见，总是积极向前尽自己最大努力完成，有时她的下班时间到了，但他总是完成任务才肯离去。张济超还承担了学校印刷任务，经她手印刷的纸张，每次都是干干净净、整整齐齐，无论是上班时间还是休息时间，只要有印刷任务，她二话不说，总能愉快圆满完成工作。

张济超同志以自己的实际行动积极践行善心雅行理念，在她身上显示出了对工作、对生活的无限热爱和尽责，成为我们全校师生学习的榜样。

点亮心灯 让爱永恒

青岛西海岸新区海滨小学　董亚军

2020年春节，本该是家人团聚、欢乐的日子，不料一场新冠疫情席卷了大江南北，全国上下人心惶惶，面对无情的疫情，我们身边出现了一群默默奉献、可爱可敬的人，他们像夜空中的繁星一样闪闪发亮，温暖着人们的心田。而我身边也出现了一个默默奉献、温暖他人的人——管敏主任，在疫情期间，一直默默付出、不畏辛苦，坚守着自己的职责，用实际行动诠释了责任与担当。

疫情期间，各种统计表格、摸排师生流动人员信息，成了学校工作的重中之重。管敏主任主动承担了这项艰巨的任务，学校新冠防控情况统计表、教职工及学生流动情况登记表、学校教职工外出摸排信息登记表、学校留守儿童等特殊群体摸排情况统计表、学校学生信息收集统计表、学校教职工信息统计表、核酸检测统计表、晨午检表、因病缺课统计表、随访记录，等等，这些表格都需要汇总上报，不段更新，随时摸排，有的数据通知上报的时间非常急，哪怕下班了也要坚持完成上报，她也无怨言，有的数据信息需要每天上报，比如山东省的疫情防控平台，某个班级忘了按时上报，她就单独给班主任打电话，确认之后再上报信息。为了防止错过上报时间，她把上报的时间点和上报的表格名字写在鼠标旁边的记本上。她每天睡醒第一件就是提醒各班上报学生健康信息，她每天都会检查各班数据上报情况，她的每一天被一些数据表格围绕着，她对学校去过某些疫区和从疫区返回的师生了如指掌。虽说通过她上报的是个个数据，但是在她心里，那些数字承载着全体师生生命安全、健康成长的重量。

面对防疫工作，她勇于担当，工作不分份内份外。重点人员排查、教职工和学生重点人群调查及分布情况、疫情防控师生健康档案、教师和各班学生行踪健康档案，都是她负责整理完成。认真组织学校疫情防控演练工作，细致到位，她对照档案细则，条条整理，有好的做法及时和大家分享，及时调整防疫工作思路，确保师生健康排查无漏洞。为迎接教体局的疫情防控工作督导检查，她和疫情防控小组成员对学校隔离室、走廊、办公室等进行了全面大扫除。事无巨细，什么事都亲力亲为，什么事都力争没有疏漏。

她就是这样，踏实肯干，任劳任怨。勇于担当是她的工作态度，忠于职守、谦虚谨慎、认真负责是她的工作作风。在疫情防控期间，她的每一天都很充实，甚至有时候会很累，但她没有怨言，她就是这样一个人，为他人点亮心灯，默默温暖他人，让他人得到感动，并且把爱心传递，让爱永恒！

一朵云推动另一朵云
一个灵魂唤醒另一个灵魂

青岛西海岸新区海滨小学　陈霞

“老师,奖杯送给您,您辛苦了。”刚从领奖台下来的丽雅双手捧着获得金奖的奖杯,兴奋地跑到我跟前。这句话说得很真话挚,看着她真诚的眼神,我一时没说上话来,只感觉泪水充满了眼眶。没想到只有9岁的丽雅,如此感恩。我深知这个奖杯来之不易,这金灿灿的奖杯后面凝聚了我和丽雅刻苦勤奋的汗水。

那是2011年,我们学校第一次参加全国硬笔书法比赛,那时我对学生的硬笔书法指导刚起步,能入选两名同学参加全国现场总决赛实属不易。为了在比赛中展示出学生的风采,为学校争光,让家长满意。我毫不犹豫地放弃了周末和暑假的美好时光,抛开刚满3岁的女儿不去陪伴,一心对入选的两名同学进行细致的赛前指导。从基本笔画、偏旁部首、结构规律,一直到作品创作逐一示范讲析。让她们反复临习,对她们写的每个字,我一一评价纠正。两名同学也非常刻苦,对我指出的问题都会不厌其烦地反复练习,直到跟例字一样为止。他们的刻苦勤奋精神深深打动了我,更让我付出得无怨无悔。

记得那次比赛地点在有“四大火炉”之称的湖北武汉,8月正是最热的时候。于是我又担心起孩子们的体质会不会出现状况,出发之前我备足了急用药物(中暑类的、感冒发烧类、创伤类、痢疾类)和一大包食物,因为要坐十几个小时的火车,怕她们带得不够会饿着。我大包小包地带着两位同学上了火车,车上的乘客还真不少,我一边从拥挤的人群中寻找着位置,一边不住地回头招呼着她俩,生怕她俩跟不上走丢。终于找到了位置,这时旁人已经坐下，行李架上塞满行李。我好不容易找到一点空隙，费力地举起行李箱往上放，当放到第三个时我的胳膊一阵酸疼，行李箱差点掉到地上，我无奈地看着行李架，使劲舒了一口气，正准备用尽全力举起箱子时，突然伸过来两双小手："老师，我们帮你搬吧！你太累了，别伤到身体。"听到这话我的胳膊似乎不那么酸疼了，笑着说："好，我们一起用力。"最后一个箱子终于放上了。

火车开动了，在旅途中我不时地给她们削个苹果吃、拿杯酸奶喝、扒个橘子、递根火腿肠什么的，都是给孩子们准备现成的，直接吃就行。午餐时孩子们闻到车厢里其他乘客泡面的味道，也禁不住诱惑想自己去打热水泡面。一想到晃动的车厢，会溅出热水烫到她们。我就让她们坐在位置上等着，我一趟一趟地去热水间打热水泡面，然后摇摇晃晃地端到孩子面前，把我准备好的熟鸡蛋扒开皮放到她们的泡面里。在我看来这些都是微不足道顺手的事，但被火车上一位中年妇女全都看在眼里，她忍不住过来问我："这两个女孩是你的闺女吗？"

听了这话我笑着反问："您怎么看出来的？"

"因为你照顾的很细心啊，妈妈对孩子的照顾就是这样啊，有的妈妈还不如你心细呢！"

这话说得让我美滋滋的，感觉就像受到嘉奖一样，不好意思的说："这是我的学生，我带她们去参加比赛。"

话音刚落，另一个一直在听我们对话的中年男乘客，探过头来惊讶地说："您是她们的指导老师！真是佩服，对学生的照顾真是无微不至啊。"接着又转向两个学生说："老师对你们真好，遇上这样的老师真是幸福，一定要好好报答你们的老师呀。"

这句话或许印在了丽雅心里，正是我的爱心、耐心、细心、责任心使感恩的种子开始萌芽。不仅感动了陌生人，更感染了我的学生。正如德国人卡尔•西奥多•雅斯贝尔斯所说："教育的本质是一棵树摇动另一棵树，一朵云推动另一朵云，一个灵魂唤醒另一个灵魂。"面对双手捧着奖杯站在我面前的丽雅，我很欣慰。

小处积善 细处显雅
——记身边的善雅好老师吕咸芬

青岛西海岸新区海滨小学 泥雪

把每一件平凡的事做好，就是不平凡；把每一件简单的事做好就是不简单。善雅教育，内善于心，外雅于形，善待每一名学生，存善心，行善举，从优秀党员吕咸芬老师的身上，我实实在在感受到了这一点。

新学期开始，我正好接手了吕老师的班级，担任301班班主任工作。每次放学或者升旗这样集体出行的时候，我们偶尔会碰见吕老师，每一次孩子们见到了吕老师都会热情地问好，甚至伸出手去要和吕老师做个拥抱。一开始，我并没有在意，觉得可能就是对上一任老师的留恋，正常表现。开学有一段时间了，我也默默地观察了一下，孩子们见到其他老师也会问好，只是更板正一些，出于对老师尊敬，作为学生的礼节在问好而已，对比见到吕老师问好的场面，那简直不可比，就连班上的捣蛋鬼或者平时默不作声的小女孩都会展开笑颜，大声问好，那表情简直开心极了。

从教以来，我一直任教高年级，第一次任教三年级，习惯了严肃的面容、安静的学习氛围的我，在开始接收三年级，看到他们的第一眼就觉得像一群活猴子，叽叽喳喳、打打闹闹都是他们的日常，头很大。最开始我都是继续严师的形象，希望能用冷面压制住这一群爱闹的、不讨我喜欢的捣蛋鬼们。严格管理确实有助于课堂纪律的维持，孩子们也能投入学习，但是对比见到吕老师的场面，内心忍不住有点醋坛子打翻，就会想：怎么吕老师就这么招孩子喜欢呢？

默默地观察，我发现了吕老师的小妙招，那就是爱，把每一个孩子当做自己孩子那样，发自内心的周全考虑。例如，中午带孩子吃饭的路上，吕老师正好吃完往外出，我们在食堂门口站队，不例外地，又是一片鼎沸的问好声。我也没在意，和吕老师点点头问个好，以为吕老师就这样走了。谁知，吕老师走到我们班一个女孩面前，说道："晓凝，你怎么就穿这么点就出来了？大冷天的也不穿个外套，再感冒怎么办？"我也循着声音去看，大冷的天，刮着风，餐厅门口正好又没有阳光，小女生就这样缩缩着肩膀，冻得鼻子都红了。接着，小女孩一脸幸福的跑到我面前说："泥老师，我能不能回教室拿一下外套？"天知道，她脸上那个开心的笑容有多幸福，像被老师表扬的孩子一样骄傲。

我不禁暗自反思：作为一名班主任，将孩子们从教室带到餐厅，多了不说，三五分钟总是有了，这一路我都没发现孩子发红的面庞，而吕老师出来一眼就看到了，不得不说，吕老师真正关心着孩子们啊。

这样的事情还有不少，在餐厅里，吕老师会帮邋里邋遢的俊译整理好衣服；会捧着睿昊的脸一脸宠溺，亲切的问他的学习如何。小事虽小，但在孩子们心里激起万层浪，老师是爱我们的啊，她真的喜欢我啊！所以见到吕老师会格外热情，格外亲切。

寒假期间，我们一起走访了几家贫困学生送温暖，我正好又跟吕老师一起来到了他们班德祥同学家，吕老师又给我默默上了一课。我们一行人开车来到学生家附近，刚停下车，就发现孩子已经等在街口了，瘦弱的身上穿着单薄的衣服。吕老师赶紧迎了上去，关切地询问着："爸爸呢？怎么就穿这么少啊？吃饭了吗？"孩子开门进了家，两间南屋，进门是厨房，房间里入眼一张床，床上一床薄被，没有一丝暖意。吕老师领着孩子进了屋就赶紧找衣柜，给孩子找外套、裤子，并帮孩子套上。家访结束后，我们打算走了，吕老师又出门询问哪里有便利店，打算给孩子买点吃的，说孩子太小，自己动手煮方便面不安全也没营养，吕老师又自掏腰包给孩子买了一大包吃的给他。看着吕老师小小的身影，我顿时觉得高大无比，无论孩子学习如何，家庭如何，吕老师把每一个孩子都放在心上，用心、用爱善待着他们，不仅教授知识，更温暖学生心灵，教给孩子处世之理。

作为后继人，我也从中感受到孩子温暖。卫生大扫除时，于朵朵用抹布在黑板上写下："老师，我爱你。"国庆节，调皮鬼俊译带来一面红色小旗，虽然言语简单:“老师,送给你。”但是很温暖,让我不禁羞红了脸,反思自己对他太过冷漠。路队时,梓鑫总是爱跑到我身边抱抱我,餐厅里悄悄问我:“老师,你吃了多少?吃饱了吗?”我想,这就是吕老师的功劳吧,爱学生,传递爱,这不就是善雅教育要做的吗?以我之行,感你之心,无形之中,化爱为行。

甘于平凡 乐于奉献

青岛西海岸新区海滨小学 魏进军

学校的中心工作是教学，但在中心工作的背后，总有一些同事一直默默无闻地服务着，支持着……其中就有学校后勤人员，在海滨小学有这样一位默默奉献多年的老总务，他叫单宝荣。

单老师是个闲不住的人，每天早出晚归，校园里到处留下了他的忙碌的身影，他把学生的安全、校园环境放在心中，把服务学校放在第一位。总务工作是个繁琐而又辛苦的工作，平日里，单老师要日常巡视学校的水电、管路，甚至厕所，忙着修修补补。就是学校放假了，单老师却还不能休息，他要趁假期，对全校桌椅、门窗等设施进行全面维修，还要配合专业维修人员集中进行水电、门窗和校舍的维修。要开学了，单老师和他的老搭档潘老师一起当起了油漆工画车位，从库房里整理出将近 200 套桌椅充实餐厅餐位……学校的每一次大型活动，单老师前期总是做了大量的工作，真正到了活动开始该抛头露面时，单老师总会悄悄退下。但每一次成功的活动结束后，会场里总少不了单老师忙前忙后收拾的身影。

一有脏活、累活，他好似浑身充满了劲儿。记得 2020 年冬天最强烈的寒流来临之前，总务人员对学校自来水管道进行保温保护工作，单老师在寒风中，整个身体趴在冰冷的水泥地面上，整个身子探进管道井里，清理污物，放置保温材料。风卷着枯叶和尘土，打在他的脸上，他时不时地用袖子沾一沾眼睛，露着的手腕冻得紫红紫红的。保温工作完毕，单老师用脏兮兮的手套抽打着身上的尘土，不无担忧地说:“可千万别冻坏了自来水管啊。”单老师就是这样不怕苦不怕累，处处以身作则，事事干在前头，为学校工作无怨无悔地奉献着。

单老师用自己那些默默的行动，用自己那双灵巧的双手，用一颗精打细算的心，守护海滨小学这个家，守护家里的每一位成员。

善雅在紧急时刻闪光

青岛西海岸新区海滨小学　王新委

2019 年 6 月，学校将“善心雅行”定位为学校的教育理念，善心雅行涵盖校本课程开发，学生学习习惯、生活习惯养成，家校共育、师生成长等多个方面，打造“善雅好老师”“善雅好少年”“善雅好课堂”等特色，陶冶情操、润泽心灵、提升素养、塑造人格。在学校的方方面面，都有更多的善雅行为不断的涌现，为学校的发展谱写了美丽的篇章。

1 月 13 日，零下十八摄氏度的寒潮刚刚过去，气温有所回升，老师和同学们都在为期末检测能取得优异的成绩而在紧张的复习着，付出着。下午第二节课后，602 班的杨翌晗同学到办公室送作业，路过少先队室时，听到里面传出隐约的水声，感觉到不太对劲，跑到隔壁的美育组办公室说：“老师，少先队室有水声，好像漏水了。”听到这话，王新委、陈霞、张秀玲老师三步并做两步，打开少先队室的门一看，原来因为少先队室的暖气片阀门被关上了，暖气片中的积水又因前几天天气太冷上冻，冻破暖气片，现在气温回暖，冰融化后水从裂缝处激射而出，少先队室的积水已经有两三厘米深。见此情景，三位老师作为第一响应人，按照事故突发预案纷纷行动起来，王新委老师不顾积水的的溅射，把暖气的阀门拧紧，防止水患的进一步漫延，陈霞老师赶紧向总务处薛主任打电话汇报情况，张秀玲老师找出清理工具，与汇报完毕的陈老师一起来到少先队室，三人开始清理地面上的积水，以免积水泡坏室内橱柜和会议桌椅。不多时，张校长与薛主任叫上总务处的单宝荣、潘月建、孙伟老师便匆匆赶来，一起投入清理工作中。几人同心合力，分工合作，张校长、薛主任、单老师、张老师负责将室内的水扫到走廊，单老师、潘老师和王老师用拖把推，将清扫到走廊的积水推到厕所中，以免积水结冰，导致滑倒摔伤。经过不断地清理，终于把大部分的积水清理干净。由于走廊是敞开的，尽管气温有所回升，走廊的地面还是因为低温结了一层薄冰，老师们一合计，这个隐患可不能留，于是，王老师从屋里搬出来椅子放在走廊的两端，陈老师打印“走廊结冰，禁止通行”的提示语贴上，防止有人进入，几位老师与闻讯赶来的保洁大姐一起，不管工具顺不顺手，铲子、铁片、铁撮子、扫帚，手头上有什么就用什么，弯腰低头，铲的铲，扫的扫，拖的拖，坚决不让一片冰结在走廊的地面上形成安全隐患。经过两个多小时的奋斗，这一场突如其来的小小安全事故就被彻底化解，这时老师和保洁员们才放松下来，一个个在这寒冷的天气都满头大汗，有几个人还慢慢地揉着长时间弯腰或蹲着而僵化的腰膝，但都彼此相视而笑。

这是一个普通的剪影，我们海滨小学的老师们和同学们，在平时的一言一行中没有做出惊天动地的大事，但总是在默默地践行着“善雅”二字，用“善雅”感化自己，感化学生，感化家长，感化社会，为新时代社会主义精神文明建设添砖加瓦。

播撒爱的阳光雨露
——致我敬爱的王爱芹老师

青岛西海岸新区海滨小学　程玲

她热爱党的教育事业，有优良的师德风范。从教三十多年来一直从事语文教学，同时兼任班主任和少先队工作。她对党忠心、对工作尽心、对同志热心、对学生关心。她勤于钻研业务，教学成绩突出，班主任工作经验丰富，在培养良好的班队精神和教育转化后进学生方面卓有成效，深受学生的喜爱和社会的好评。被授予优秀教师、优秀班主任等荣誉称号。她就是我们可亲可敬的王爱芹老师。

五年级的王同学，成绩不理想，王老师得知后，主动课后敦促他复习。隔三差五地找他谈心，给他支持和鼓励。慈母般的呵护，孜孜不倦的教导终见成效。王同学以优异的成绩毕业，最终考上了青岛大学医学博士。王同学终身不忘王老师的教导，每逢节日都不忘给王老师送上祝福或电话问候。王老师总是说："看着你们一个个成材我就满足了，没有别的奢求。"

三年级的孙同学，农家子弟，父母离异，父亲身体不好，家里较为贫穷。王老师得知后，主动找他促膝谈心，亲手给他洗头发、洗衣服。王老师为他所做的一切使他非常感动，进步也很大。

王老师每天早早进入了工作状态，每天下班时仍旧在认真地批改作业。学校里的小年轻亲切地称呼她为王奶奶。今年发生在她身上的事情，更让我对她佩服得五体投地，感动不已。

也许是长期紧张而忙碌的工作状态，她体检被查出腰间盘突出。这个病很折磨么人，站也不是，坐也不是。而且时而疼痛，时而如针扎。我想这次她肯定会休息一段。可她为了不影响工作，并没有利用工作时间治疗。

仍然默默无闻的工作，好像什么事情也没有发生过。依然每一天上班时早早地进入工作状态，每一天下班时还默默地批改着作业。

一天，同事在闲聊时，又聊到了王老师。说周六一起和她值班时，看到王老师的腰间盘病又犯了，难受地趴在那里，用手捶着腰。同事劝她回去治疗，自我留下值班就能够了。而王老师却微笑着摇摇头，说没什么。与此同时，更让同事震惊的是，她还带来了资料，在疼痛稍有缓解时，又投入了认真的工作。

据家长们反映，王老师对孩子是严在当严处，爱在细微间，孩子们回家常说的话题除了王老师的严格，说的最多的就是王老师如何关心爱护他们，他们如何爱上王老师的课。那是因为的课堂上有娓娓动听的朗读，有绕梁三日的欢声笑语，还有王老师那双会说话、能交流的眼睛，这些都让他们听不够、看不够、学不够。由于王老师的勤奋敬业，爱心施教，同学们的学习劲头日益高涨，学生的综合素质和潜力不断提高，纪律已在全校名列前茅。

这就是我敬佩的王老师！

热心助同事 慧心识英才

青岛西海岸新区海滨小学 崔松娟

参加工作以来，我遇到了许许多多的好同事，有的在教学方面帮我指出教学过程中存在的问题；有的在班级管理方面帮我出谋划策；有的在家校沟通方面帮我指引方向……细细想来，我感觉我就是在他们的呵护中成长、成熟起来的。去年秋天，数学老师李增萍成了我的搭档，她让我在忙碌的班级管理工作中，感受到了温暖，感受到了幸福。

“你去吃饭吧！”抬头望去，原来是李老师来了。说来话长，这学期，我们五年级的学生是第三批吃午饭，上午下了第四节课，我作为班主任有半个小时的靠班时间，然后还要去陪餐。这不，李老师一进教室，就走到学生中间，给这个批批作业，给那个讲讲题。看着她忙碌的身影，我心里暖暖的，赶紧幸福地去享受午餐。

餐厅里，不时传来疑惑的目光——这个时间，你怎么能过来吃饭？我自豪地说：“教室里有李老师呢！”

我还没吃完饭，李老师已经安排班长带领一波学生来餐厅吃饭了，还不时地透过走廊的窗户观察学生的路队情况。原先，我在教室里看着剩下的学生，第一波过来的学生中不乏调皮的，有的学生竟然大声喧哗。今天却不同，那几个学生看到我已经在餐厅等候他们，特别守纪律。我不禁感谢李老师，她这是利用自己的休息时间和我一起管理班级呢！

说起管理班级，李老师可是一把好手！在她的教学生涯中，多次被评为县级教学能手、优秀教师。她经常告诉我班级要团结，纪律要严明，学习要高效，卫生要整洁。在她的支持下，我们501班各方面明显好转：课代表会迅速收作业了；课间有学生主动给他人讲题了；自习时几乎没有学生违纪，静悄悄地写作业了……我感觉每天的工作轻松了很多！

李老师不仅善于帮助我管理班级，还善于发现学生们的可爱之处。那是李老师感冒严重的日子，数学课上，她不由自主地拽一下咽喉处，继续沙哑地讲课。当时，我们班的丁玥嘉同学两个小手指捏着一块小橡皮大小淡黄色的润喉糖，送给李老师。李老师激动地收下这块润喉糖，并深情地说："请允许你们的老师在课堂上吃一次零食！"课后，李老师把这感人的一幕记录下来。从此，丁玥嘉尊重老师的善雅故事就在班级里传开了。

人生得一知己足矣，我想说："工作中得一帮手足矣！"正是因为海滨小学有许多像李老师一样从不计较、默默奉献的好同事，所以才成了一个人情味十足的大家庭。

助人悦己 善雅传递

青岛西海岸新区海滨小学　杨娜

古人说:“入芝兰之室,久闻而不知其香。”一个美好的环境,可以使人心旷神怡;一个优秀的团队,可以使人乐观上进。我们海滨小学就是这样一个优秀的团队,我们海滨人没有惊天动地、气吞山河的事迹,每天在平淡、琐碎的工作中,默默奉献,善雅传递。

走进办公室,你能感觉到一种简单和谐的气氛。本组同学科老师的切磋是经常的,一起研究教材、研究习题。在学生教育方面,班主任和任课老师之间互相支持。任课老师会把上课过程中发现的问题及时和班主任沟通,班主任每隔一段时间也会询问任课老师学生的综合表现,大家形成一股合力,共同管理学生。例如,在我们五年级,如果班主任或任课老师临时请假,其他老师会及时承担起班主任职责。班主任开会,我们年级的任课老师孟兆英、程玲、张从美、刘伟老师经常主动帮我们看班。大家都不计较得与失,互帮互助,大家都经常说的一句话就是“助人悦己”。

给我印象最深刻的是去年 12 月,我闺女小儿肺炎住院,我需要请假陪床。当时是既心急又放心不下自己的班级,我请假这几天学生的课怎么办?班级的事情怎么办?“小杨,班主任我和程玲给你代理,班里的事情你就不用担心了。”王爱芹老师说。“是啊,年级组的活还有我和娅利呢!”崔老师补充道。“数学课我和李老师轮着给你上”王娅利老师把数学课的问题又解决了。“她们调不开课的时候,我去上!”刘伟老师抢着说……就这样,大家一会功夫就把本该是我的工作安排好了。此刻我的心里暖暖的,心想能工作在这些朴实、善良的同事身边,真好啊!他们善良做人,乐于助人的品质如阳光般的温暖,赋予我力量。

清晨,很早就到学校的王爱芹老师已经在教室里开始了个别辅导,指导学生朗读，检查背诵。王老师今年五十有余，已有三十多年教龄，但是教学上却依然是认认真真、一丝不苟，认真备课，认真批改作业。当早自习的铃声响起，教室里就会响起王老师那抑扬顿挫、饱含激情的讲课声；课间，你又会看到王老师在和学生倾心交流。和王老师形影相随的是李增萍老师，李老师也是一位教学经验丰富、工作一丝不苟的人。她总是那么平和安静地伏案工作，学生的一张张小卷子也在李老师手下圈点勾画。从这些勾画中，及时发现学生学习上存在的问题，及时有针对性地进行辅导。我时常看着她给学习困难的学生辅导功课，那么耐心细致，那么不厌其烦。

从这些老教师身上，我看到了他们几十年来默默耕耘，无私奉献，尊重学生，为了学生倾注自己全部心血。他们善良做人，雅行处事也影响着我，我也是尽自己最大的能力解决孩子们的各种困难，在和学生交往中，我也学会“蹲下身来”，改变居高临下的状态，重视他们的感受，倾听他们的意见，做孩子们的良师益友。

记得有一次，课前我和往常一样到办公室做准备工作，一位女生缓缓走上来，递给我一个精美小信封，一看这个信封就是她用心做的。我打开一看，里面有一张纸条，上面写着：“老师，对不起，昨天我不应该和你顶嘴的，可我不是故意的，我知道您批评我是对我好，我想和您道歉，但我说不出口，所以就用这种方式和您道歉。”末尾还写了“爱您的学生王晓萱”。走进教室，我笑着向她招手。她过来小声说：“对不起，老师，我昨天不应该和你顶嘴。我知道我昨天上课说话不对，下课后同学们都说‘看你把老师气得脸都红了’，我向你道歉。”一时间，一股暖融融的东西在我心中流淌，一种欣慰，一种感动？说不清楚。我微笑着说：“这点小事老师根本就没放在心上。可你还记得，说明你是一个很重情谊的好孩子。”霎时间，我分明看到她眼中的希望和欣喜，她离开时，那眼神像是把我当作她一个亲切的朋友，顿时我明白了这就是善雅力量的传递，我和我的学生也做到了教学相长。

海滨小学是大家的，每个人都在尽心尽力地做好自己的工作。齐心协力、助人悦己。海滨人的善雅故事是朴素的，虽然平凡普通，却像春天的小雨，无声无息地飘落下来，浸润着大家的心，传递着无穷的力量。

善雅并举 因材施教

青岛西海岸新区海滨小学　毕青龙

前段时间读过一篇文章，里面是这样说的：“教育就像栽花，你要做的就是浇水施肥，静待花开。”

这是我从教的第六个年头，自认为取得了一些经验。第一次任教六年级也信心十足，可是第一次期中考试就是当头棒喝，远远地落在了后头，怎样快速迎头赶上成了我的当务之急。我系统分析了这次成绩，底子薄，基础差，其中一个重要因素是不达标学生太多，怎样快速提升这部分学生的成绩这一棘手问题呢？在帮助学困生进步的过程中让我对教师这一行业有了更深的认识。

教育需要耐心。我是一名男教师，性情又比较急躁，面对这部分学困生，我是看在眼里，急在心里。课堂上听讲效率极低，往往我讲过几遍的题目，他们仍然一无所知。课堂上即使我把解题方法示范一遍，仍然会出现各种意想不到的错误，前一天一起做的课后习题，第二天竟忘得干干净净，让人啼笑皆非，我想再这样下去，也不会有大的提高。做老师最重要的就是灵活转变思维，追求方法上的多样性。以前遇到这种状况，我总是火冒三丈，将学生数落一顿，将矛头对准学生。时间长了我觉得不能在这样下去了，在上圆的面积这部分时，由于公式较多且变化多样，每一步需要环环相扣，对学生提出了更高的要求，为帮助学生更好地理顺思维，我通过示范讲解的方法取得了非常好的效果，学生在这一部分掌握得很扎实。我强调每一步必须带公式，在黑板上将每一步运用的公式先列出来，后面紧跟算式，学生对照修改。我不再那么急于求成，反而给足后进同学更多的时间去模仿练习，哪怕一节课就解决两个问题，我也要求他们掌握得扎扎实实。一边巩固公式，一边理顺思维，渐渐地我只罗列公式，学生自己进行计算，后来我干脆放手让学生自己做。经过我一次次的训练，发现学生也不那么浮躁了，做这一类题目再也不是我们的短板了。通过这件事情我领悟到教育不可急功近利，需要我们俯下身子静待学生每一次的成长。

教育需要细心。有老师对我讲过：“毕老师看起来大大咧咧的，没想到这么细心。”我想细心是从事教育行业的基本素质，教育无小事，事事是教育，在教学上细心可以让你的成绩突飞猛进。细致的试卷分析可以为你的教育教学提供依据和指导。期末考试我对比其他班级做了完整的试卷分析，发现在计算题和智慧广场有序列举这一部分失分较多，我果断采取措施，重点解决这两部分。我深知量的积累才能有质的突变，我每天为学生们午饭后布置了4道计算题训练，半学期下来进行了几百道题目的强化训练，效果不言而喻。我又用一节课的时间重新梳理了有序列举这一部分解题方法，对几个典型错例进行了及时纠正。日常每一次作业我都利用一切时间认真细致地做到批改，让每一名学生都能对自己的错误有针对性地改错，日积月累，学生们都取得了较大的进步。耐心可以走得更长远，细心可以走的更坚实。

教育更需要爱心。育人者最根本是爱心，每一名学生的能力是不一样的，我们要尊重差异，欣赏强者更要尊重和同情弱者，“没有一朵花不会盛开。”班级中就有一名女生，她不擅长学习，每次考试都是一样的分数，但她从来都不违反纪律，偶尔着急了也会哭鼻子，她很想努力地完成我布置的作业，家长也非常配合，有时也会辅导，我能感受到她偶尔完成一次作业的喜悦，我也会提问题她，虽然她答不上来，但我要让她感受到自己被老师关爱，让自己有归属感。课堂上同学们都在努力地做题，她也很着急，我给她给她布置了适合她的一些计算题，也期望她能体会到成功的快乐，她会很努力地完成，为帮助她学习，我给她配备了班长作为她的小讲师，她数学上可能毫无建树，但她内心爱的种子一定在发芽。我们班级还有一名女生，她的胆子比较小，有一次她做错一道看似非常简单的题被我发现了，我很生气，说了她一句，她委屈的哭了，我的内心像被针扎了一样，一直关注着她情绪的发展，事后我向她道了歉。每次见到我都会冲我笑一笑，我很开心，这件事让我学会了用爱心化解矛盾。

在教育的这片沃土上我还是一颗小树，我希望快点长成参天大树，用爱心、细心和耐心呵护我的学生们。

身边的善雅小天使
——海滨小学善雅故事

青岛西海岸新区海滨小学　李志凤

“老师，今天早上我要晚到一会儿，要去送弟弟。”一大早，就收到了我们班藺天姿发来的微信。我赶紧回复：“路上不要着急。”这样的微信已经不是第一次了，但每次收到这条微信，心里总是莫名的感动。

藺天姿是我们班的班长，也是学生处的大队长。在老师眼里，她是一位认真负责、学习主动的好学生；在父母眼里，她是一个能独当一面、乐观向上的好孩子；在同学眼里，她一位是大公无私、乐于助人的好班长。

真正了解藺天姿，是在疫情期间上网课的时候。作为班长，不管什么作业总是早早地完成，而且非常认真，准确率很高。可慢慢发现，连着几天作业上交得比较晚，这不是她的作风，总感觉有什么事，担心会不会因为网课，出现了懈怠心理。因此我就打电话询问，在这一次通话中，我了解到，因为是外来务工人员，一直租房子住，为了给孩子提供更好的生活、学习条件，天姿的爸爸长期在外出差，很少在家；妈妈每天都要加班到八点，中午也不能回家；家里还有一个上幼儿园的弟弟，因为疫情，一直居家，所以父母上班后，作业有些不及时。我很吃惊，不再纠结作业的事，问她吃饭怎么办？弟弟怎么看？网课怎么上？她却略带笑意地说：“老师，上四年级的时候我就学会做饭了，我都会烙饼呢。上网课的时候，我给弟弟找好玩具，让他自己玩，表现得好，有时候我会给他找动画片看，弟弟还是比较听话的，所以网课不耽误。上完网课，我就赶紧择菜、做饭，晚上，妈妈回来得晚，我就先写会作业，然后再做饭。有时候作业可能会晚点交，不过老师，以后我会尽量早些交作业。”作为老师，我很惊讶她的独立能力，能够把这么多的琐事安排得有条不紊，我很佩服她的乐观精神，在谈话中，我丝毫没听到她的任何抱怨，满满的正能量，不是她这个年龄应该承受的。了解到这些情况，我提出她的作业可以晚交，会的作业可以免写。但这两个特权，她却一直没用。

开学了，弟弟上幼儿园了，有时妈妈上班早，就只能由蔺天姿去接送，因此出现了开头的一幕。在一次上学途中，送完弟弟后，为了赶时间，背着书包往学校跑，结果摔破了膝盖。因此我告诉她，路上不要着急，迟到一会儿不要紧。可是她总是能准时到达。

她身上的故事还有很多。因为她是学校的大队长，因此班里有几个调皮的男孩子因违纪被值日生逮到时，总是搬出蔺天姿的大名，结果个别值日生就不了了之，后来这件事被蔺天姿知道了，直接告诉我，并且在班里强调，谁都不能打着她的旗号跟值日生讨价还价，否则要加倍扣分，班里的同学心服口服，再也没出现类似的情况。看似不近人情，但当同学学习上遇到困难的时候，她都会循循善诱，像一个小老师一样给同学们耐心讲解，直到听明白为止。

这就是蔺天姿，她用自己的善行感恩着周围的亲人，她用自己的雅言影响着身边的同学。把真、善、美留给他人，她就是我们身边的善雅小天使。

那个春天，关于帮助和成长

青岛西海岸新区海滨小学　窦婷婷

第一次走上讲台，成为一名光荣的人民教师；第一次出示校级公开课，第一次参加比赛……时光辗转总是如此匆匆，参加工作二十年，有无数个难忘的第一次。每个第一次，背后都有一个难忘的故事；每个第一次，都是成长路上难忘的回忆。

记得那是2016年的春天，刚刚结束五一假期，我收到了一个惊喜又忐忑的消息：被推荐参加青岛市小学综合实践活动学科优质课比赛。惊喜的是，工作这么多年，不管是公开课、优质课，还是基本功比赛，虽然获得了不少一等奖，但心里一直有个遗憾，展示的平台还是在区里，这样一个机会对我来说是弥足珍贵的。忐忑的是，抽取比赛课题后，准备的时间只有一个周。

我抽到课题是"设计制作班级毕业纪念册"，综合实践活动课程不同于其他学科，完全没有教材，需要自己开发教学内容。时间紧张和想取得好成绩的压力交织在一起，我偶尔也有过想放弃的冲动。

第一次参加青岛市级比赛，自己缺乏经验和信心。回到学校，郭校长牺牲中午休息时间，马上和我一起把比赛前的七天进行了任务分解：备课、准备材料、制作课件、试讲……还帮我联系了区综合实践活动的专家老师，来学校给我指导。

一边是不能落下的班级教学，一边是要抓紧备课。每天晚上都要到把孩子哄睡了，才能真正坐下开始备课，睡觉时常常已经到了凌晨一两点钟。在备课的过程中，活动的导入、微视频的制作，甚至连一句过渡语，郭校长都和我一起推敲，活动设计修改了一遍又一遍。

活动设计一遍一遍修改，课件也一遍一遍修改。录制、剪辑微视频，都离不开王新委老师的技术支持，为了取得最好的教学效果，他不厌其烦，将精益求精的精神发挥到了极致。

为了给学生提供借鉴的作品，降低活动的难度，陈霞老师发挥专业特长，主动承担了制作任务。白天工作繁忙，晚上回家她一个人熬夜设计、制作。上课时，八本精美的班级毕业纪念册带给了学生极大的震撼。

虽然过程很艰难，抽到课题的茫然，备课无法突破的崩溃，第一次试讲时的沮丧……短短几天的时间，我以肉眼可见的速度瘦了五六斤。但是，我却再也没有想放弃的念头，是同事们的热心帮助感染了我，我放平了心态，把这次比赛当成一次锻炼、成长的机会，不问结果，尽自己做大的努力就好。试讲的时间有限，比赛前的周末，我在学校空无一人的教室里，打开电脑，一遍遍进行模拟上课……

2016 年 5 月 16 日，周一，晴。在崂山沙子口小学举行的青岛市优质课比赛中，我获得了青岛市二等奖的好成绩。从此以后，我经常告诉自己：所有的努力都不会白费；所谓幸运，不过是努力的代名词。

从教二十年来，我从没有停止追求的脚步，就这样一步一步走来，出示了青岛市公开课、进行了青岛市经验交流，先后被评为“青岛市教学能手”“青岛市中小学学科带头人”“青岛西海岸新区第三批优秀青年人才”，入选第四期青岛名师工程培养人选……

如果说自己的教学生涯中，取得了那么一点点的成绩，我想这都是我可敬的领导和亲爱的同事给予支持和帮助的结果。我也愿意把我得到这份温馨的爱传递下去，努力做好教学工作，用自己的专业知识和人格魅力教育学生，培养海滨“善雅好少年”；努力做好服务工作，为老师们的教育教学工作提供最大的帮助……

我一直在想，其实，每个人心中皆有爱、皆有善。我们得到爱和善的滋润，就要将自己的爱和善传递下去，让“善雅”在海滨小学萌芽和长大。一份牵挂，一份关爱，一句叮咛，一个拥抱……就能让善迸发出巨大的力量，这力量足以抵挡人生的风雨。

善心雅行我先行 骨干引领共提升
——海滨小学干部和班主任的善雅好故事

青岛西海岸新区海滨小学 张明叁

一走进海滨小学大门，就可以看见“善心雅行”四个大字，善心雅行不仅是我们学校的办学理念，更是我们广大师生的行动指南，全校师生在善雅教育理念引领下，日行一善，日增一智。

在我们学校有这样一群人，一年四季，从早到晚，忙得不亦乐乎，有时愁眉苦脸，有时开怀大笑，这群人引领着全校师生“培根铸基，启智润心”，保证着每一名学生天天健康快乐成长。这群人就是我们学校的干部和班主任队伍，大家充分发挥骨干教师的激励引领和独特的人格魅力，紧紧抓住和围绕师生成人、成事、成才最核心的素养，不忘初心，立德树人，传播着一个又一个的善雅好故事。

学校干部坚持以身作则讲正气，治学严谨以德树威，无私奉献以信扬威，顾全大局以和强威，带领广大教师以赤诚之心、奉献之心、仁爱之心投身教育事业。

副校长郭秀霞同志把学校工作当成自己生命中最重要的一环，大局意识强，主动想在前面、干在实处，带领学校中层干部将学校的各项工作扎实落实到位。每学年的开学前，牵扯教师岗位工作分工和开学准备，她带领中层干部讨论到次日凌晨2点钟。日常每天巡查校园，深入课堂和教研组指导教学教研，每天下午很晚才能离校，经常为审核学校微信和其他宣传材料熬到深夜。去年，她的小儿子正在就读初三，周一到周五每天早晚两头最需要做母亲的她来照顾，为了学校工作她却没有及时顾上。两年来，为了争创青岛市文明校园、阳光校园、青岛市优秀家长学校等工作，她带领中层干部利用双休日来到学校加班加点整理档案，无怨无悔。有一次下午放学后学校临时开会，她在下楼梯时，一脚踏空，摔伤了胳膊，她硬是轻伤不下火线，自己受伤不能开车，让同事捎着上班近一个月。有时候中层干部之间、教师之间出现了矛盾、闹起了情绪，她都不畏艰难，主动向前，及时疏通调节，做细做实心理疏通工作，不断激发每一位教职工的工作热情。

教导主任窦婷婷同志分管语文教学和教科研工作，带领教师一直行走在最前列。工作兢兢业业、精益求精，自己所教班级成绩一直名列前茅。去年出示了青岛公开课并被评为青岛名师培养人选。她的女儿在我们学校上 5 年级，很多时候连自己的孩子都顾不上。有一次晚上她到小台村进行家访，迷了路很晚才开车回到自己的家。因经常加班加点干工作，家人不理解、不乐意，自己遇到被同事们不理解时哭过、动摇过，但一直还是咬牙坚持下来，成绩突出赢得了师生家长的一致好评。

德育主任管敏同志，一直都在做着基础性的琐碎的管理工作，去年开始工作分工有较大调整，该同志无怨无悔，积极主动学习并努力创新发展，所分管的学校党建、疫情防控、工会、财务等工作有条不紊。

总务副主任薛金岭同志主持学校总务处和办公室工作，该同志责任心强，工作细致精致，学校安全和后勤保障工作总能及时并提前备好，得到老师们的一致好评。

王宗亮主任去年一年临时代理学校教导处和学校少先队工作，该同志不畏艰难，勇挑重担，积极主动投入到学校学生管理工作中去。

王爱芹主任发挥共产党员的先锋模范作用，根据自己多年的管理经验，积极参与学校学生管理，帮助青年教师专业发展，认真搞好传帮带。

我们学校的班主任队伍年轻有活力、有思想、有方法，19 个班主任中，有 17 个女班主任，她们以关爱学生的健康发展为前提，不厌其烦，坚持不懈，培养学生养成良好习惯，她们是我们学校班级管理工作中的核心力量。

班主任老师大多数每天早上 6:30 从家里出发，7:00 左右到教室开窗通风消毒，7:30 开始在教室门口为学生测温。课间操陪学生一起跑操；中午陪学生在餐厅吃饭，在教室和学生一块午休；下午放学把学生送出校门再返回教室，打扫卫生、整理桌凳，消毒完毕后再能回家，此时已是华灯初上。晚上还要备课批改作业到深夜，连自己的孩子及家人都顾不上，为此还有不少家人不理解不支持，我们的班主任一边要努力干好班级工作，一边还要劝说家人理解支持自己。为了学生的健康成长，为了教育事业的尊严，大家心中有信仰，脚下有力量，一直奋战在为党育人、为国育才的道路上。班主任老师每天包括双休日、节假日都在等待催促每一名学生家长在班级群内报平安。近几年，房禾青老师一直担任六年级班主任，学生到初中后的一年内，她仍然关注着学生初一的学习生活，不断总结反思，认真研究小初衔接课程。一年级班主任张玲在讲述自己的善雅好故事时说道："我们每天所干着的每一件看似不经意的小事，如果处理不好就会变成大事。"张玲老师在担任一年级班主任期间，下午总是把班内的卫生和桌凳整理好后才肯离校，有时天黑再打车回家，这些也成了一年级班主任的常态工作。特别是低年级的班主任，学生在校的一言一行、一点一滴都需班主任的规范教育和引导，有时有的家长不理解甚至是误解。但她们却把泪水悄悄抹掉再出发，不厌其烦，坚持不懈，认真履行自己的职责，无私奉献自己的青春，这就是我们的班主任。她们也是孩子的妈妈、父母的独生子女、刚刚走上工作岗位的年轻人，从一年级到六年级，我们的每一位班主任坚持学校无小事、事事是教育，教师无小节、处处是楷模的原则，从培养保护学生的兴趣开始，从小给学生打下坚实的基础，六年影响学生一生。

在学校干部和班主任的带领下，广大师生积极行动起来，扬善风、行善举、做善人。学生家长在老师的感召下也纷纷投入到学校管理工作中来，每天轮流到校站岗护学，走进校园、课堂、餐厅，参入教育教学活动，积极建言献策。"培根筑基兴校，善心雅行育人"的办学理念已经变为广大师生内善于心外雅于行的自觉行动，善良已成为海滨小学师生做人的信念。

"雄关漫道真如铁，而今迈步从头越"，团结务实、勇于开拓的海滨人，将继续追求止于至善的办学境界，实现校园生活的欢乐和人生的不断成长，永远奋斗在追梦的路上，让善雅好故事教育影响海滨小学每一名学生、每一个家庭和我们师生所在的每一个社区。

善雅积余 有你有我

青岛西海岸新区海滨小学 王宗亮

“善”指善心、善言、善行，善良做人；“雅”指雅量、雅趣、雅行，雅行处事；善心雅行，是我们学校一直的追求，在学校实施善雅教育的过程中，得到了家长们的大力支持，有不少的家长也自觉融入其中，为孩子的健康成长做榜样示范。现在就让我们去捕捉家长们一个个“善雅”小瞬间，找寻温暖的力量，体验善心雅行带给我们的感动。

一、义务执勤，为爱护航

红色的马甲，黄色的护导小旗，成为海滨一道亮丽的风景线。为了让校门口交通秩序更加井然，给孩子们创设一个安全、文明、有序的环境，爱心护学的家长们，站在风里、雨里、阳光里，为孩子的安全保驾护航。

严寒酷暑中，烈风冬雨下，你们每天准时到达校门口维持秩序，为同学们的安全把好第一道关。

你们面带微笑，护送着孩子们安全进入校园……

你们放弃了休息的时间，义务协助疏导校门口的车流和人流，维持学生们的入校秩序，让同学们上学时更加从容、安全、快乐。用爱心与行动温暖你我他，诠释了善雅的真谛。

二、家长课堂，精彩纷呈

带着专业的知识，满载浓浓爱心，你们走进了孩子们的课堂，五彩气球、创意 DIY，安全在心、多重体验，甜蜜蛋糕、爱心传递，励志故事、激情飞扬……

多元课堂，开拓了孩子们的视野，带给孩子们不一样的体验，也为学校的教育教学内容、课程的延展注入了活力。

三、爱心抗疫，情撒校园

善是默默的付出，雅是真诚的行动，善雅是家校携手，是团结一心，共护岁月静好。

疫情期间，家长们纷纷自发为学校捐款捐物，送来了防护口罩、消毒剂、免洗消毒凝胶、消毒湿巾等紧缺物资，助力学校疫情防控，用爱心传递正能量，解了学校抗疫工作的燃眉之急。

"为学校开学疫情防控工作做点实事，尽自己的绵薄之力，是我们的一点心意，也是我们学生家长应尽的责任和义务，更是我们给孩子做出的榜样，我们要让孩子懂得感恩、学会感恩，更希望孩子们能早日回到安静、安全、温暖的校园。"希望通过自己的努力，让学校多一份安全保障。没有豪言壮语，没有自我标榜，只有颗颗赤诚的心火热滚烫。

四、善心雅行，浸润心田

在为残疾学生发放补贴时，一位家长说道，钱我就不领了，虽然我们家庭不是很富裕，但我更想把这笔钱捐给更需要它的人。听了这朴实的话语，瞬间让我内心充满感动。这就是我们善雅的好家长。

海滨小学的家长们用自己的善心雅行潜移默化地陶冶着孩子的心灵，相信家长们会继续散播"善雅"的种子，在家校的携手努力下，海滨小学的善雅教育一定会更加稳步推进，使善雅教育真正植根于学生心中，善良做人，雅行处事。

善雅回眸

善良做人 雅行处事
——海滨小学善雅教育初探

青岛西海岸新区海滨小学 张明叁 郭秀霞

善为根，心灵高尚美好；雅为骨，行为雅润如玉。

中华民族的儒雅风范已有几千年的传承历史，“善雅”文化是中华传统文化的核心和精髓，它在提高个人操守、规范文明礼仪、行为习惯等方面仍具有很好的指导意义和借鉴价值。基于此，海滨小学确立了“善良做人，雅行处事”的核心教育理念，通过养成教育、课堂渗透、课程开发和家校合作等研究，构建完善的善雅教育体系，助力学生成长，让海滨小学每位学生都能生善根，长雅骨，善心雅行，有模有样。

一、聚焦“五雅”养成，明确善雅育人方向

“人之初，性本善”，小学生本性善良，但怎样将善良的本性用文雅、规范的行为表现出来，就需要学校加大习惯培养的力度。基于此，学校围绕“五雅”——学雅规、立雅标、践雅行、善雅思、扬雅风，落实习惯培养。

（1）学雅规。为使养成教育落地生根，海滨小学组织学生学习《中小学生行为规范》《中小学生守则》，少先队每天进行检查，量化评比。队员们积极从小事做起。立德立行，以学习促雅，以活动导行。

（2）立雅标。学校确立雅行标准，让学生明确怎么做是对的，并建立严格的检查制度，督促、检查学生遵守规范的情况，发现问题及时纠正。在对照标准端正自己言行举止的基础上，“言正、言明、言美”等良好习惯逐渐形成。

（3）践雅行。寓良好品德的形成于丰富多彩的活动之中，是行之有效的方式，学校抓住重大节日、纪念日，激发学生情感，使学生的思想觉悟和

道德意识在丰富多彩的活动中不断提高。

（4）善雅思。良好的习惯培养，课堂是重要阵地。课堂教学是培养学生智力的有效途径，也是小学生养成良好行为习惯的主渠道，我校一直开发雅文化教育课程，培养孩子的良好行为习惯，通过多彩的课程最终将孩子培养成知书达礼、温文尔雅、睿智向上的文雅学生。

（5）扬雅风。用善雅标准对学生的日常言行进行评价，将个人、班主任、班集体评价挂钩，树立优秀典型，用善雅好学生、善雅好班级等引领学校善雅之风，弘扬善雅风尚。

二、打造校园文化，营造善雅育人氛围

校园文化是一所学校的活力和灵魂所在，是学校内涵发展的本质要求，学校围绕“善雅”办学特色，在精神文化、物质文化等方面精雕细琢，加大投入，营造了浓厚的善雅文化氛围。

（1）校风校训蕴善雅。校风“自尊、自立、自强”，让每位学生懂得自重自爱，能在团体活动中找到自我的价值，对班级乃至学校大集体的发展起到推动性作用；爱自己、爱家人、爱朋友、爱社会、爱国家……让爱在自立中体现，能自我保护，能爱护他人，能帮家长、老师做力所能及的事情；奋发有为，有自主发展的内驱力，能成长为对他人对社会有用的人才。校训“厚德、博学、至善”，意在期望师生员工以高尚的道德立身，以高尚的道德承载天下重任；倡导师生员工努力学习，博采众长，追求广博的学识和渊博的学问；勉励师生员工追求人格、学识和谐统一的完美的境界。

（2）校徽设计显内涵。以“善雅”为核心的校徽，主要包括两大部分：蓝色色块代表学校，契合学校校名“海滨”，橙色和绿色部分人物形象代表学生和教师，人物形象又可以理解为正在蓬勃成长的幼苗，体现学校和师生的和谐共同发展的理念，在学校宽广的怀抱中，学生茁长成长，教师不断发展提高。同时，蓝色色块可以看成大写字母“S”，人物形象可以看作大写字母“Y”，是学校“善雅”文化两字的首字母，从而体现学校善雅教育特色。“善雅”教育就是培养学生的善心雅行。善心是指孝敬父母、关爱他人、诚信做人、礼让处事；雅行就是儒雅外形、高雅言语、优雅姿态，学生要有君子

淑女之范。

（3）校园小品传善雅。在浓厚的善雅氛围中，学校设计了几处善雅校园小品，以传扬善雅精神："善雅石"立于学校大门内，一进门，就看到石头上的"善心雅行"四个大字，冲击力极强，而放学时，又能看到石头背面的"善雅"二字，一天的校园生活，始于善雅，终于善雅，印象深刻；善雅楼内的"善语厅"，汇集了历史上诸位大家对"善"的诠释，名言警句常吸引师生驻足流连，在低声吟诵的同时内化善念，形成思想。

三、立足课堂研究，浸润善雅育人思想

课堂教学聚焦"以善雅教育为核心的教育教学研究"，彰显善雅育人思想，形成全校齐心协力搞研究，凝心聚力提质量的良好氛围。

（1）立标课形成善雅模式。每学期初开展一次学科组立标课展示活动，由骨干教师示范引领，形成善雅课堂教学模式。在此基础上进行对标课过关，开展线上线下教研活动，落实区局学科教学精神，反馈学科教学问题，真正在善雅课堂教学研究上下功夫，形成各学科研讨、全校教师研究的良好氛围。

（2）"善雅杯"检验善雅思想。每学年组织一次"善雅杯"课堂教学比武，各学科制定符合学科思想的评价标准，但所有学科必须将善雅思想作为评价标准中最重要的一条，来检验教师是否理解并能实践运用善雅思想。

（3）八大行动践行善雅理念：强健体魄，每天活动 1 小时；浸润书香，每天晨读 20 分钟；书法滋养，每天练字 20 分钟，每学期一次书法比赛；艺术陶冶，展示个性特长；课堂成就理想，争创快乐高效课堂，争做快乐学生，争当魅力教师；撰写善雅日记，感受生活之美；参加科技活动，提高创造精神；丰富劳动课堂，感悟劳动之美。

四、开发校本课程，丰富善雅育人内涵

校本课程开发是对国家、地方课程的有力补充，在确立了"构建小学善雅教育育人体系的研究"课题之后，我校围绕善雅教育，展开了系列校本课

程开发的探索、实践和研究。

(1) 以五大发展理念作为德育教育课程开发的思想和理论基础，开发并实施德育课程育人体系。以创新发展为核心，激发德育教育的活力；以协调发展为理念，统筹德育教育的资源。协调是持续健康发展的内在要求，解决发展不平衡问题；以绿色发展为目标，培育德育教育的新风尚；以开放发展为原则，转化德育教育的新成果；以共享发展为指导，打造德育教育特色基地。以践行社会主义核心价值观中的“爱国、敬业、诚信、友善”为内容框架，汲取中华传统优秀文化营养，让学生通过对“知善”“行善”的学习教育，逐步树立起“向善”的良好品德，成为一个智慧与美德并存的优秀的人。

(2) 深挖国家课程内涵，用楹联启智和快乐书法试水校本课程探究途径。从《笠翁对韵》等经典诵读入手，依托语文课程和传统文化课程，开发适合学生发展的楹联启智课程；依据教育部印发的《中小学书法教育指导纲要》，确立小学书法教育以语文课程中识字和写字教学为基本内容，以提高汉字书写能力为基本目标，以书写实践为基本途径，适度融入书法审美和书法文化教育。面向全体，让每一个学生写好汉字。遵循书写规范，关注个性体验。加强技能训练，提高文化素养。在教学活动中适当进行书法文化教育，使学生对汉字和书法的丰富内涵及文化价值有所了解，提高自身的文化素养。

(3) 从学生的生活入手，开发系列动手课程，在活动中培养学生的动手能力和学习兴趣。在与青岛港湾学院航海系深度沟通的基础上，开发了绳结课程。本课程分为“绳结的历史”“绳结与生活”“基本航海绳结”“中国传统绳结”“我实践　我收获”五部分，各部分既独立又相互组合，在以培养学生全面素质的主线上，渗透绳结的相关知识，体验绳结实用性和艺术性，感受动手创造的快乐。本课程是一项实践性很强的课程，它必须通过学生自己动手动脑，进行一系列的实践，在实施过程中要注意知识与能力兼顾，应从单纯的技能、技巧学习层面提高到美术文化学习的层面，通过创设一定的文化情境，增加文化内涵，弘扬民族文化，培育民族精神，加深对艺术的社会作用的认识，树立正确的文化价值观。

五、开展多方合作，拓宽善雅育人途径

学校、家庭、社会多方合作的教育才是最立体、有效的教育，我们以活动为切入点，将善雅教育送进家庭，推到社区，使善雅教育的育人途径更宽更广。

（1）家务劳动学会感恩。一系列的家务劳动课程，孩子们不仅学会了技能，更体会到了劳动的辛苦和收获的幸福。理解父母，学会珍惜，激励学生用自己勤劳的双手去创造美好的未来。

（2）社区活动播下种子。学校利用假期联合社区开展公益活动，走进养老院为老人唱歌、跳舞，帮老人打扫卫生。在社区活动中，以教师的儒雅，激发学生的文雅，成就学校的高雅。在高雅而丰富的活动中培育雅兴，熏陶雅行，让雅在潜移默化中融入学生的身心。让雅成为一种修养，一种魅力，一种贯穿于人终生发展需要的情怀。

（3）节日活动学善行雅。植树节，召开主题班队会，参加爱绿护绿植绿活动；清明节，网上祭英烈，走进社区宣传清明节文明祭扫知识；传统节日经典诵读，感悟中国传统文化的魅力。学生们还以手抄报、习作等形式表达情感，憧憬未来。在活动中培养学生的诚信、公德、环保、责任等意识。

六、创新评价机制，促进善雅育人提升

“善雅”教育育人体系的研究过程，也是学校形成教育特色和育人品牌的过程，在这个过程中，既发展了学生，也成就了家长、老师，我们在原有评价标准的基础上，创新并不断完善“善雅”评价机制，使学校“善雅”教育特色日渐鲜明。

（1）争做善雅好少年。我们在新时代好少年评价基础上，加入“善雅”新标准，让学生用“善心雅行”来自评、互评，再让家长、老师综合评价。每学期评价一次，符合“善心雅行”标准的，在学期末就会被评为海滨善雅好少年，这是每位海滨学子的至高荣誉。

（2）锤炼善雅好老师。习总书记在讲话中提到的“四有好老师”，其中“有道德情操”“有仁爱之心”均有“善雅”内涵，我们在对教师的评价中强化了“善雅”标准，要求教师在具备“理想信念”和“扎实学识”的基础上，

内化“善雅”思想，外显“善雅”行为，师德高尚，行为儒雅，做学生的良师益友。每年教师节，学校都会评出一批善雅好老师进行表彰。

（3）推选善雅好家长。家长是学生的第一任老师，家长参与学校教育意义重大。我们开门办学，鼓励家长进校园，家委会驻校办公，爱心家长协助安全执勤，行业代表进课堂讲课……我们鼓励家庭教育革新，倡导家长和学生一起成长，建立家庭读书角，大手拉小手参加公益活动……学期末，采取自荐和班主任推荐两种方式推选善雅好家长，用优秀典型引领其他家长向上向善发展。

“善良做人，雅行处事”是“构建小学善雅教育育人体系的研究”课题的核心目标，在课题研究中，我们遵循理论结合实际的原则，构建适切全面育人体系，坚持“德智体美劳”五育并举，大胆实践，不断探索，让课题研究成为促进学校教育教学质量提升的助推力。

附录

青岛市教学科学“十三五”规划 2019 年度课题立项通知书

青岛市教育科学研究工作领导小组办公室

青岛市教育科学“十三五”规划 2019 年度课题立项通知书

张明叁同志：

经青岛市教育学术委员会评审，青岛市教育科学研究工作领导小组批准，您申报的课题《构建小学善雅教育育人体系的研究》被立项为青岛市教育科学“十三五”规划 2019 年度一般规划课题（课题批准号：QJK135C1027）。

根据青岛市教育科学规划课题立项评审、过程管理、结题鉴定三个规程（修订稿）的有关规定，课题主持人及所在单位须承担相应责任并执行以下规定：

1. 接此通知后，请在三个月内组织开题及专家论证会，进一步明确课题研究的内容、目标和实施路径。开题报告及有关实证性图片资料请及时报送青岛市教育科学研究工作领导小组办公室。

2. 请按照研究周期将课题研究阶段性成果（课题组成员发表的论文、经验成果等）、中期报告、研究报告、最终成果及相关研究进展材料及时报送青岛市教育科学研究工作领导小组办公室。

3. 课题重要活动、重要变更和重要成果均须及时报送青岛市教育科学研究工作领导小组办公室。

4. 课题研究成果发表须注明“青岛市教育科学‘十三五’规划 2019 年度课题+课题名称+课题批准号”。

5. 课题主持人要整体策划课题研究的思路，协调课题组成员的分工，杜绝挂名者不研究、研究者无名分的现象。

青岛市教育科学研究工作领导小组办公室

2019 年 12 月 31 日

课题类别：一般规划课题

青岛市教育科学“十三五”规划
课题立项申报书

课题名称:《构建小学善雅教育育人体系的研究》

课题主持人:张明叁

所在单位:青岛市黄岛区海滨小学

申报日期:2019. 7. 16

青岛市教育科学研究工作领导小组办公室制

申请者的承诺与成果使用授权

一、本人自愿申报青岛市教育科学规划课题。认可所填写的《青岛市教育科学“十三五”规划课题立项评审书》(以下简称为《立项评审书》)为有约束力的协议,并承诺对所填写的《立项评审书》所涉及各项内容的真实性负责,保证没有知识产权争议。同意青岛市教育科学规划领导小组办公室有权使用《立项评审书》所有数据和资料。课题申请如获准立项,在研究工作中,接受青岛市教育科学规划领导小组办公室及其委托部门的管理,并对以下约定信守承诺:

1. 遵守相关法律法规。遵守我国《著作权法》和《专利法》等相关法律法规;遵守我国政府签署加入的相关国际知识产权规定。

2. 遵循学术研究的基本规范。科学设计研究方案,采用适当的研究方法,如期完成研究任务,取得预期研究成果。

3. 尊重他人的知识贡献。客观、公正、准确地介绍和评论已有学术成果。凡引用他人的观点、方案、资料、数据等,无论曾否发表,无论是纸质或电子版,均加以注释。凡转引文献资料,均如实说明。

4. 恪守学术道德。研究过程真实,不以任何方式抄袭、剽窃或侵吞他人学术成果,杜绝伪注、伪造、篡改文献和数据等学术不端行为。成果真实,不重复发表研究成果;对课题主持人和参与者的各自贡献均要在成果中以明确的方式标明。

5. 维护学术尊严。保持学者尊严,增强公共服务意识,维护社会公共利益。维护青岛市教育科学规划课题声誉,不以课题名义牟取不当利益。

6. 遵守课题管理规定。遵守青岛市教育科学规划课题规程的规定。

7. 正确表达科研成果。按照《国家通用语言文字法》规定,规范使用中国语言文字、标点符号、数字及外国语言文字。

8. 按照预期完成研究任务。成果达到约定要求。课题成果专著、论文、研究报告等公开发表，并在学术界和实践领域产生一定的影响。

二、作为课题研究者，本人完全了解青岛市教育科学规划领导小组办公室的有关管理规定，完全意识到本声明的法律后果由本人承担。特授权青岛市教育科学规划领导小组办公室：有权保留并向我市有关部门或机构报送课题成果的原件、复印件、摘要和电子版；有权公布课题研究成果的全部或部分内容，同意以影印、缩印、扫描、出版等形式复制、保存、汇编课题研究成果；允许课题研究成果被他人查阅和借阅；有权推广科研成果，允许将课题研究成果通过内部报告、学术会议、专业报刊、大众媒体、专门网站、评奖等形式进行宣传、试验和培训。

申请者（签章）：张明彦

2019 年 7 月 16 日

填表说明

一、请按《青岛市教育科学规划课题管理办法》的有关规定,使用计算机如实准确填写各项内容。

二、本表报送一式3份,统一用A4纸双面印制,左侧装订。一律用宋体5号字填写,行间距18磅。

三、封面左上方框课题类别分为:重大招标课题、重点课题、一般课题和教师课题,请申请人根据实际情况如实填写。

课题申报表不能留空白。申请者签章处,不得用打印字和印刷体代替。封面请勿用塑料封皮或其它装饰。

四、请准确、清晰地填写申报表各栏内容。其中,联系电话必须填写课题负责人的电话号码。预期成果最多选报3项,其中必须包含研究报告。若有问题,请与市教育科学规划领导小组办公室联系咨询。

五、本表须经课题负责人所在单位领导审核,签署明确意见,承担信誉保证和管理职责并加盖公章后方可上报。

六、青岛市教育科学规划领导小组办公室联系方式

办公地址:青岛市市北区济阳路7号

邮政编码:266012

联系电话:87076126

青岛市教育科学规划领导小组办公室

一、课题研究人员基本信息

主持人姓名	张明叁	性别	男	民族	汉	出生年月	1968. 08
行政职务	校长	专业技术职务		高级教师		研究专长	调查研究
最后学历	本科	最后学位		无		“十二五”课题完成情况	1. 2013年被评为教育部全国教育科学规划课题先进个人 2. 2014. 06省课题《小学生养成教育的策略研究》结题
工作单位	青岛市黄岛区海滨小学	联系电话		86158838 18363965736		E-mail	zhangmingsan@126.com
通讯地址	青岛市黄岛区峄山路677号					邮政编码	266400

课题组主要成员（不含主持人）	姓名	专业技术职务	工作单位	研究专长
	窦婷婷	一级教师	青岛市黄岛区海滨小学	学科教学、调查研究
	郭秀霞	高级教师	青岛市黄岛区海滨小学	教师发展、调查研究
	薛金岭	一级教师	青岛市黄岛区海滨小学	课程开发、调查研究
	王宗亮	二级教师	青岛市黄岛区海滨小学	学生管理、调查研究
	苗克玉	二级教师	青岛市黄岛区海滨小学	班级、学生管理、家校沟通

二、课题研究论证报告

1. 课题提出的背景（500～1000 字）
中华民族的儒雅风范已有几千年的传承历史，“善雅”文化是中华传统文化的核心和精髓，它在提高个人操守、规范文明礼仪、行为习惯等方面仍具有很好的指导意义和借鉴价值。当今社会存在的诸多不良风气，很大程度上是因做人的基本操守、待人接物的基本礼仪和行为习惯方式方面的因素所致，而反映到到少年儿童身上，就是基本道德规范的缺失。为什么我们中国这个千年传承的礼仪之邦会出现今天这样一种道德的无力甚至虚无呢？我们认为，主要是在传统道德与现代文明的有机结合上出了问题。道德品质的传承无力，就等于失去了根基，现代文明建设不力，就等于有本无末，有源无流。 《中共中央国务院关于进一步加强和改进未成年人思想道德建设的若干意见》，提出“从规范行为习惯做起，培养良好道德品质和文明行为”。在 2018 年全国教育大会上，习近平总书记强调，立足基本国情，遵循教育规律，坚持改革创新，以凝聚人心、完善人格、开发人力、培育人才、造福人民为工作目标，培养德智体美劳全面发展的社会主义建设者和接班人，加快推进教育现代化、建设教育强国、办好人民满意的教育。这就是雅善教育的核心内容，“善雅教育”力求通过“善”的教育，行为效果达到“雅”。小学生如果从小就能做到行起于善雅，止于善雅，将会为其终身打下良好的道德基础。 善雅教育植根本土，依托校本教育生根发芽。我校地处城乡接合部，三分之二的学生是来自偏远地区的外来务工子女，他们的学习基础和日常行为习惯千差万别，家庭教育水平参差不齐。这就需要我们从基本要求和基础规范抓起，用善雅文化引领全校师生、家长不断成长，在研究与实践中日渐丰富完善，逐步形成具有校本特色化的“善雅”教育体系。我们提出“构建小学善雅教育育人体系的研究”，是基于学校多年来扎实开展“楹联启智”、“经典诵读”、“习字正品”、“结趣生花”、“民间剪纸艺术”、“强心健体”等活动并取得了一定成效的基础上适时提出的，是进一步形成学校育人特色、全面提高办学水平，进一步探索善雅教育与学科教学、师生发展以及家校合作等相互渗透、共同提高的新模式，从而真正实现每一个学生的全面发展，切实打造学校教育品牌，提高学校知名度和社会满意度的必然选择。这一课题的研究，真正让“善雅”文化教育扎根学校、植入学生的头脑、化为海小人良好的德行与智慧，陶冶情操、润泽心灵、提升素养、塑造人格，打造成海滨小学文化建设的鲜明符号，打造成海滨小学特有的“善雅”教育品牌。

2. 本课题在国内外同一研究领域的现状（趋势分析）（2000 字）
在我国传统思想文化中，“善”的内涵及意义十分丰富，“人之初，性本善。”“善”是一种思想，更是这种思想引领下的行为。亚圣孟子认为，“善”是一种至高的人生追求与理想境界。《孟子．尽心上》曰：“穷则独善其身，达则兼济天下。”《小戴礼记·大学》中也强调，真正的教育在于追求至善，开篇则曰：“大学之道，在明明德，在亲民，在止于至善。”“雅”，源于《诗经》，中华五千年文明史，本身就是一篇雅乐华章，中华民族的儒雅风范已有几千年的传承历史，雅行是我国传统文化中所倡导的行为标准，它在提高人的操守、待人接物的礼仪，规范人的行为习惯等方面仍具有很好的借鉴价值。 进入 21 世纪，在全球教育改革与发展中，学生的思想教育和行为教育的一致性与重要性进一步凸现，成为构建各国教育特色的重要基础。学校教育既要做到“人人成才，人人出彩”，更要让学生沐浴在爱的阳光里，熏陶在善的氛围中。而多数学校则把成才作为第一要务，成绩摆在最前面，这就导致了“唯成绩”论，对学生的长期发展极其不利。如何扭转这个局面，是摆在我们面前亟待解决的问题。 党的十八大把“立德树人”作为教育的根本任务，指出要坚持教育为社会主义现代化建设服务、为人民服务，全面实施素质教育，培养德智体美全面发展的社会主义建设者和接班人把“善”作为单独的一个价值观要求上升到高度以后，“善雅”的教育受到越来越多人的关注。国外对于“善雅”教育鲜有研究，但作为相关概念“友爱”、“关爱”等的研究却不少，对于我们借鉴其优秀成果有重要意义。 张同颂（字风雅，号诗梦轩，江苏省徐州人。）在 1998 年率先提出“善”文化是“中华民族传统文化的根”这一理论学说，并身体力行做到“日行一善”。《善的智慧》一书，根据我国社会主义精神文明建设的现实需要，从道德是人类追求善的生存智慧的角度立论，简明扼要地解析了历史上众多思想家的道德观和道德教育思想，提炼了中华民族优良传统道德的精华，阐述了我国传统道德智慧的现代价值。半个世纪之前，前辈学者张岱年先生曹言：“美为实之圈满，善为生之团满，真为觉之国满。”所谓国满，即是达到充实而平衡的最高境界。 国外对于“善”的研究历史较为悠久。古希腊时期就有关于“友善”的研究，亚里士多德在《尼各马可伦理学》这一著作中，认为“所有事物都以善为目的”，这是对友爱最为经典的著作。西方近代社会对于友善也是非常重视，亚当．斯密作为一位杰出的经济学家，在《道德情操论》中提出“人性之尽善尽美就在于多为他人着想而少为自己着想，就在于克制我们的自私心，同时放纵我们的仁慈心”，可见其对友善的重视。 现代社会，西方各国对各个阶段的学生都有不同方式的友善教育。例如在《青少年道德教育国际观察》中，就非常系统地指出了各个国家都会用不同方式对青少年进行友爱教育，尽管名称不尽相同，但是内容却十分相似。

“培养什么人？怎样培养人？为谁培养人？”这是我们教育的根本任务。德智体美劳全面发展，德育为先。对于个人来说，德智体美劳是不可分的，怎样把思想性、道德性、知识学习、身体锻炼、情绪爱好、兴趣养成融为一体？这是非常值得我们探索的。我们力求以“善雅教育”为引领，在学校管理、学科教学、学生管理等学校工作的每一个方面落实“五育并举”，注重德育为先、注重全面发展、注重面向人人、注重终身学习、注重因材施教、注重知行合一、注重融合发展、注重共建共享。

近几年，我校各种特色课程及特色活动，对善雅教育的研究起到了积极的促进作用。楹联启智、习字正品、剪纸、绳结、朗诵，成长“十个一”之“学会一项体育技能”、“掌握一项艺术才能”、“每月精读一本书”、“记好一篇周记”、“每周诵读一首古诗词”、“进行一次演讲”、“进行一次演讲”、“参加一次研学”、“参加一次志愿服务”，乃至依托传统节日而开展的经典诵读活动，在学校广泛开展。但我们也看到，在这个过程中，没有形成善雅教育系统的育人体系。如何处理善雅教育与学科教学之间的相互渗透共同提高的关系，如何以学科教学、校园环境、社团活动、研学活动、社区服务、学生常规教育的挖掘与拓展教育为突破口，如何通过教育体系的构建实现师生、家长与学校的同步可持续发展，以及形成具有学校特色的善雅教育育人体系等问题，都是值得研究的各种问题。但目前还只是停留在零星的可参照的操作层面，至少在理论支撑体系和更具操作性方面，有着广泛的研究和实践空间。

坚持“德智体美劳”五育并举，构建全面育人体系，力求通过环境育人、学科育人、活动育人，培养“善雅好少年”、“善雅好老师”、“善雅好党员”，打造“善雅好课堂”、“善雅好社团”，评选“善雅好家庭”，将使学校在一个螺旋式上升的发展轨道上，站得更高，走得更远。

3. 课题研究的实践意义与理论价值(500字左右)
一、理论价值 在对国内外善雅教育进行比较研究和学习借鉴的基础上,通过组织开展教育实验和行动研究,对善雅教育的内涵外延、价值目标、实施途径、育人体系进行理论建构,为善雅教育实践提供理论支撑和实践支持。 二、实践意义 《构建小学善雅教育育人体系的研究》要在以下方面有所作为: 1. “德智体美劳”五育并举,创设“善雅好课程”,培养“善雅好少年”“善雅好老师”“善雅好党员”,打造“善雅好课堂”、“善雅好社团”,让“善雅”教育渗透到学生学习乃至生活的方方面面,最终形成具有校本特色的“善雅”教育育人模式。 2. 有效促进教师专业发展。教师高水准的专业化发展是有效实施善雅教育的先决条件,课题研究的过程必将也是教师形成教学特色和教育智慧的过程,是研究型、专家型教师成长的过程。 3. 有效促进学校内涵发展。构建“善雅”教育育人体系的研究过程,也是学校形成教育特色和育人品牌的过程。在研究如何促进每个学生充分发展的同时,有效促进教师的专业化发展和学校的特色发展。 4. 密切家校之间的联系。“善雅”教育课题研究以学生为点,以学校、家庭、社会为面,展开深入探索,“三位一体”的研究模式,为学生创设了更广阔更一致的成长空间,他们的成才也将是立体而生动的。这一课题的研究,必将造福一方百姓,提高学校的社会满意度。

4. 研究目标与研究内容(研究内容的分解与具体化,含子课题的设计)
研究目标: 善雅教育不同于一般的德育教育,而是致力于学校文化的构建,因而它是一项系统工程,追求“德智体美劳五育并举,培养善雅好少年、善雅好老师、善雅好党员,打造善雅好课堂、善雅好社团”的育人目标,是“真”、“善”“美”教育中的重要内容。 一、筛选适合善雅教育的内容,并不断优化组合 首先,通过教师培训和学习研讨,使教师对善雅教育的意义有明确的认识,增强对小学生进行善雅教育的使命感和自觉性。其次,运用查阅资料、问卷调查等形式,针对小学生年龄特点、认知规律和兴趣需要,筛选传统美德、文学经典、绘画与剪纸、楹联与书法、体育特色、常规教育等领域的内容,作为对小学生进行善雅教育的主要内容。这些内容有利于提高学生的民族意识和文化意识,使他们具有良好的文学修养、高雅的审美情趣和高尚的道德情操,有利于实现学校开展善雅教育、打造特色育人品牌的目标。

二、探索小学生善雅教育的一般途径和基本方法，形成特色办学模式

通过校园环境外显，课堂教学渗透，教育活动强化三大载体涵盖教育教学活动的方方面面，使学校善雅教育形成浓郁的氛围，变成实实在在的过程，成为学校教育的一大亮点。

三、开发校本课程，构建课程体系

学校积极探索学科教学与善雅教育相结合的方法途径，要求全体教师根据学科特点，挖掘拓展学科课程中的善雅教育元素，形成完善的善雅教育体系，国家课程、地方课程、校本课程有机结合，课内外教学有机融合，拓展课程资源，完善素质教育的新模式。

四、组织特色活动，促进和谐发展

把善雅教育渗透到学校教育教学活动之中，使各项活动凸显善雅教育。并以此为突破口，实现师生、家长和学校的同步可持续发展。

在前期开展的多项活动的基础上，探索理论支撑点，完善以善雅教育为立足点的个性化教育理论体系，并形成本土特色育人模式，在活动内容、途径方法、校本课程开发、评价标准等方面打造亮点，让善雅教育成为学校的育人品牌。

研究内容及子课题设计：

1. 善雅教育理念下学科教学与活动实践研究（窦婷婷）
2. 善雅教育理念下教师专业发展的研究（薛金岭）
3. 善雅教育理念下小学生养成教育的研究（王宗亮）
4. 善雅教育校本课程开发研究（郭秀霞）
5. 善雅教育理念下学校、家庭、社区合作育人结合点探索研究（苗克玉）

5. 研究过程设计(阶段时间划分、阶段达成目标、阶段研究内容、阶段成果形式)
本课题研究计划用三年时间,分为三个研究阶段,具体内容如下: 第一阶段:2019.9 至 2019.12 理论学习、现状调查,完成子课题研究方案,开题论证、组织实施等。 第二阶段:2020.1 至 2022.1 进行理论探索和行动研究。2021 年 6 月,总结课题研究阶段性成果,撰写中期研究报告。 第三阶段:2022.2 至 2022.6 总结实践成果,总结实践研究成效,形成课题研究报告和成果汇编。展示、推广课题研究成果。课题结题。

6. 研究思路及方法设计
本课题采用的主要研究方法包括: (一)文献研究法 通过文献检索,收集、研究、分析国内外关于善雅教育发展历程、研究现状及理论与实践成果,确定本课题构建小学善雅教育语文体系的基础和定位。 (二)调查研究法 在开展研究活动的前期、中期、后期都要使用问卷、访谈、测评等调查法,了解师生、家长、社会对小学善雅教育的实施评价。 (三)行动研究法 开展小学善雅教育实施途径、有效模式及评价体系的行动研究。以此为切入点探索适应每个学生发展需要的善雅教育策略和途径,完善善雅教育理论框架。 本课题研究中,还将采用比较研究法、个案研究法,经验总结法等研究方法。

7. 完成本课题研究任务的保证措施
本课题主持人张明叁同志现任海滨小学校长，本科毕业，高级教师，有多年教育教学实践经验，有超前的理念和创新精神。主持山东省教育学会“十一五”规划课题《提高弱势群体学生学习效果的研究》按时结题并通过专家鉴定。2013年被评为教育部全国教育科学规划课题“中小学传统文化教育实践研究”先进个人，2014年6月结题完成山东省“十二五小学德育课题《小学生养成教育的策略研究》”，2016年6月主持研究国家社科基金(教育学)重点项目(ALA150010)《聚焦深化教育综合改革中的青少年体育问题及对策》中的子课题《农村小学体育与健康室内优质课程开发与研究》。重视教科研工作，有较高的科研能力和深厚的理论基础。课题组成员有较高的科研意识和能力。课题组成员由教研组长、骨干教师组成，群体科研水平较高，对立足教育教学实际选定的课题有浓厚的兴趣，确保了在理论上的认识高度，保证了课题能顺利完成。 本课题基于学校实际选题，在楹联启智，习字正品、学校社团活动、成长“十个一”等活动中已经进行了相关研究，有着丰厚的善雅教育实践活动底蕴，营造了良好的教育氛围。依托学校原有课题《小学生传统文化挖掘与拓展教育模式探索与实践研究》和《小学生良好学习心理网格式培养途径研究》进行了初步探索。 本课题主要开展行动研究，可以边行动边研究，边研究边提高，适合学校、教师实际，并有专项科研经费保障，又有区教科室等领导的关心支持，确保课题按时结题并获得有推广价值的成果。

8. 预期研究成果(成果形式及预期完成时间)
通过本课题研究，探索形成小学善雅教育的实施途径和育人体系，促进学生、教师、学校发展，打造特色化善雅教育品牌是本课题最重要的实践性成果。在此基础上，预期的理论成果包括： 研究报告　　2022. 4 善雅教育校本课开发汇编　　2022. 2 小学善雅教育相关研究成果汇编。　　2022. 1

三、评审意见

1. 课题承担人所在单位意见
同意申报  单位盖章　　负责人(签字)：张明营 2019 年 7 月 16 日

中共青岛市黄岛区委教育工作委员会文件

青黄教工委〔2021〕6 号

中共青岛市黄岛区委教育工作委员会关于公布第三批党建品牌和 2020 年优秀“百节精品党课”的通知

各学校、单位党组织：

为推进“两学一做”学习教育常态化制度化，促进各中小学校、幼儿园党建工作规范化发展，培植党建品牌，扩大党建工作影响，2020 年，区委教育工委在所属党组织中开展了第三批党建品牌创建活动和“百节精品党课”评选活动。

各学校、各单位党组织对党建品牌创建和申报“百节精品党课”活动高度重视，积极参与，共有 53 个党组织向区委教育工委提交了《党建品牌申报表》、77 个党组织提交了《精品党课申报表》。经评审组评审，区委教育工委研究，确定青岛西海岸新区实验初中党总支部等 32 所学校为区委教育工委第三批党建品牌学校，青岛西海岸新区第六初级中学党总支部等 53 所学校申报的精品党课被评为 2020 年优秀“百节精品党课”，现予以公布。

希望被命名的党建品牌学校和评选的"精品党课"单位进一步确立党建特色品牌意识，切实做好深化、拓展工作，不断扩大学校党建特色品牌建设影响力，切实发挥起品牌学校的示范引领作用。其他各党组织要认真学习借鉴入选单位的工作经验和优秀精品党课成果，加大党建特色品牌的创建和培育力度，提炼出自己的党建品牌，进一步提高讲党课质量，丰富"三会一课"形式，加强党员教育，深入开展"两学一做"，推动新区教育体育系统党的建设工作再上新台阶。

附件：1. 青岛市黄岛区委教育工委第三届党建品牌名单
2. 青岛市黄岛区委教育工委优秀"百节精品党课"名单

中共青岛市黄岛区委教育工作委员会
2021 年 1 月 11 日

附件 1

青岛市黄岛区委教育工委第三届党建品牌名单

（排名不分先后）

序号	党组织名称	党建品牌名称
1	实验初中党总支部	玉兰花开
2	文汇中学党支部	红星耀文汇
3	红军小学党支部	三比双争双培双满意
4	隐珠初级中学党支部	党建统领铸校魂
5	峨眉山路小学党支部	阳光支部
6	江山路第一小学党支部	慧心慧意
7	泊里初级中学党支部	党旗引领 携手同行
8	海军小学党支部	学海学军党旗飘 军校共建做楷模
9	汇文小学党支部	立德树人，"四美"育才
10	中德生态园小学党支部	红心向党 情暖中德
11	凭海临风小学党支部	领航人生 倾情志愿
12	王台小学党支部	"红心向党、倾情执教"
13	海滨小学党支部	善心雅行我先行 党建统领共提升
14	凤凰岛小学党支部	阳光先锋，相伴成长
15	弘文学校党总支部	"红色印记"教育品牌
17	开发区实验小学党支部	乐群养正
17	藏马初级中学党支部	耕心种德
18	东岳路小学党支部	率先垂范 倾情育人
19	香江路第三小学党支部	智慧引领 立德当先
20	滨海新村幼儿园党支部	党润童心 童心向党
21	港头小学党支部	三心同向党 品格花儿开
22	张家楼小学党支部	传承"红船"精神 争当党员先锋
23	滨海初级中学党支部	担当有为 实干争先
24	第二实验小学党支部	三实同向 四优领航
25	铁山学校党支部	红色引领 筑梦未来
26	六汪初级中学党支部	党徽映红心
27	藏马小学党支部	山水相映 党旗更红
28	山水新城幼儿园党支部	三悉 三共 三同
29	胶南小学党支部	明德养正
30	王台初级中学党支部	铭初心，铸党魂
31	黄河路小学党支部	倾情执教 爱在黄河
32	台头小学党支部	争当善行先锋，做人民好老师

附件 2

青岛市黄岛区委教育工委 2020 年优秀“百节精品党课”名单

序号	党组织名称	党课题目	授课人
1	第六初级中学党总支部	战“疫”之悟：中国特色社会主义为什么好	孙美青
2	文汇中学党支部	文汇先锋，同心筑梦——我们是文汇先锋	牛秀丽
3	第四中学党总支部	不忘师者初心，践行师德承诺	王玉山
4	第七中学党支部	培养德智体美劳全面发展的社会主义建设者和接班人的要求	王玉存
5	博文初级中学党总支部	提高政治站位，坚持底线思维高标准，做细做实学校意识形态领域工作	胡学发
6	大场初级中学党支部	不忘初心铸师魂，牢记使命育新人	张建友
7	海王路小学党支部	毫不动摇把党建设得更加坚强有力	张秀华
8	胶南一中党总支部	学习贯彻十九届四中全会精神	于培钦
9	育才小学党总支部	基层党员干部如何发挥先锋模范带头作用	管延爱
10	文化路幼儿园党支部	让中华优秀传统文化教育厚实幼儿素养	高玉霞
11	峨眉山路小学党支部	榜样引领，做立德树人先锋	邢毅丽
12	铁山学校党支部	基层党员干部如何发挥先锋模范带头作用	魏本明
13	海军小学党支部	学海学军党旗飘 军校共建做楷模	毕许彬
14	隐珠小学党支部	对标看齐找差距　锐意进取抓落实	刘洪亮
15	开发区第二中学党支部	不忘初心优化育人环境，牢记使命提升师德形象	刘金刚
16	第二实验小学党支部	以工匠精神做教育匠人 以责任担当做四有好老师	孙刚
17	黄浦江路小学党支部	知敬畏　存戒惧　守底线	宋　兰
18	东风小学党总支部	党员带头，“两抓”工作不放松	吴元海
19	滨海初级中学党支部	从严治党转作风　廉洁从教铸师魂	王永明
20	董家口小学党支部	战疫当前，做新时代“硬核”共产党员	李振来
21	海滨小学党支部	勤俭节约促成长 善心雅行育新人	张明叁
22	富春江路小学党支部	不忘初心坚守崇高　遵规守纪廉洁从教	薛洪赤
23	嘉陵江路小学党支部	立德树人铸师魂 不忘初心正师风	李晓丽
24	香江路第一小学党支部	勇于担当，做想干事、能干事、干成事的优秀党员干部	郭萍

善雅教育格言

1. 交善人者道德成，存善心者家里宁，为善事者子孙兴。——方孝孺

2. 行善的人应该觉得自己快乐才对。——罗曼·罗兰

3. 善良与品德兼备，犹如宝石之于金属，两者互为衬托，益增光彩。——萧伯纳

4. 勿以恶小而为之，勿以善小而不为！——刘备

5. 善不可失，恶不可长。——《左传》

6. 真正有才能的人总是善良的，坦白的，爽直的，绝不矜持。——巴尔

扎克

7. 善人者，人亦善之。——管仲

8. 对于我来说，生命的意义在于设身处地替人着想，忧他人之忧，乐他人之乐。——爱因斯坦

9. 与善人行善会使其更善，与恶人行善会使其更恶。——罗曼•罗兰

10. 无伐善，无施劳。——孔子《论语•公冶长》

11. 一善染心，万劫不朽。百灯旷照，千里通明。——萧纲

12. 爱与善是幸福，亦是真理，世界上唯一可能的幸福与真理。——罗曼•罗兰《托尔斯泰传》

13. 善不积不足以成名，恶不积不足以灭身。——周易

14. 善良的根须和根源，在于建设，在于创造，在于确立生活和美。善良的品格同美有着不可分割的联系。——苏霍姆林斯基

15. 善良既是历史中稀有的珍珠，善良的人便几乎优于伟大的人。——雨果

16. 人之为善，百善而不足。——杨万里

17. 做一个善良的人，为人类去谋幸福。——高尔基

18. 君子莫大乎与人为善。——孟子

19. 一言之善，重于千金。——葛洪

20. 人而好善，福虽未至，祸其远矣。——曾子

21. 从善如登，从恶如崩。——《左传》

22. 能探风雅无穷意，始是乾坤绝妙词。——释延寿

23. 别裁伪体亲风雅，转益多师是汝师。——杜甫

24. 细腻与风雅原是朴实的人必然具备的长处，在他身上使他的谈吐更耐人寻味。——巴尔扎克

25. 气有清浊厚薄，格有高低雅俗——姜夔

26. 有些老人显得很可爱，因为他们的作风优雅而美。——培根

27. 读书即未成名，究竟人高品雅。修德不期获报，自然梦稳心安。——佚名

28. 有子曰："礼之用，和为贵。先王之道斯为美。小大由之，有所不行。

知和而和，不以礼节之，亦不可行也。”——《学而》

29. 人在智慧上应当是明豁的，道德上应该是清白的，身体上应该是清洁的。——契诃夫

30. 生活里没有书籍，就好像没有阳光；智慧里没有书籍，就好像鸟儿没有翅膀。——莎士比亚

31. 不学礼，无以立。——孔子

32. 我们应该注意自己不用言语去伤害别的同志，但是，当别人用语言来伤害自己的时候，也应该受得起。——刘少奇

33. 国尚礼则国昌，家尚礼则家大，身有礼则身修，心有礼则心泰。

——颜元

善雅教育歌诀

中小学生守则

1. 爱党爱国爱人民。了解党史国情，珍视国家荣誉，热爱祖国，热爱人民，热爱中国共产党。

2. 好学多问肯钻研。上课专心听讲，积极发表见解，乐于科学探索，养成阅读习惯。

3. 勤劳笃行乐奉献。自己事自己做，主动分担家务，参与劳动实践，热心志愿服务。

4. 明礼守法讲美德。遵守国法校纪，自觉礼让排队，保持公共卫生，爱护公共财物。

5. 孝亲尊师善待人。孝父母敬师长，爱集体助同学，虚心接受批评，学会合作共处。

6. 诚实守信有担当。保持言行一致，不说谎不作弊，借东西及时还，做到知错就改。

7. 自强自律健身心。坚持锻炼身体，乐观开朗向上，不吸烟不喝酒，文明绿色上网。

8. 珍爱生命保安全。红灯停绿灯行，防溺水不玩火，会自护懂求救，坚决远离毒品。

9. 勤俭节约护家园。不比吃喝穿戴，爱惜花草树木，节粮节水节电，低碳环保生活。

海滨小学学生一日常规

入校：按时上学不迟到，开开心心入学校。服装整洁领巾飘，挺胸抬头面微笑。见了师生有礼貌，清晨问早午问好。

升旗：升国旗时要肃立，少先队员行队礼。满怀激情唱国歌，热爱祖国立志长。

上课：上课铃响进教室，书本文具放整齐。安安静静迎老师，精神饱满学知识。

听讲：上课听讲要专心，大胆质疑勤思考。同学发言会倾听，合作学习成绩高。

坐姿：读书写字需谨记，姿势正确不大意。头正肩平挺起胸，双脚放平腿并立；身体稍稍稍向前倾，胸离桌子要一拳。手离笔尖一寸远，眼离书本一尺长。端正姿势身体棒，自然大方做榜样。

做操：集合站队快静齐，动作到位要有力。做操跑步勤锻炼，努力达标练身体。

课间：课间休息要注意，不追不闹不高唱。上下楼梯靠右行，先后有序做榜样。教室环境需保持，文明有序素质强。室外游戏讲文明，安全第一记心上。

集会：集会活动要守纪，队伍排列快静齐。不说话来不乱挤，服从指挥有秩序。鼓掌热情懂礼仪，人人心中有集体。

用餐：吃饭守纪要排队，节约粮食不浪费。果皮菜渣不乱扔，食相文雅要得体。

路队：集合队伍快静齐，挺胸抬头甩开臂。走起路来真神气，整整齐齐守秩序。

放学：清理书桌把地扫，不让纸屑到处跑。课桌课椅排整齐，离校门窗要关好。

路上：上放学路上不淘气，遵规守纪要注意，安全第一放心间，按时回家要牢记。

放学回家：见到长辈先问好，查漏补缺不可少。外出玩耍要报告，按时回家很重要。

作息：先做作业后玩耍，按时作息身体好。睡前学具需准备，校服领巾别忘了。

家务劳动：爸爸妈妈上班忙，我做家务来帮忙。又扫地来又刷碗，洗衣洗袜样样强。饭菜美味远飘扬，人人夸我棒棒棒。

诚信：借人物，应归还。拾东西，不昧瞒。讲真话，不谎骗。行必果，言必信。友善待人守诚信，核心价值记心上。

卫生：服装整洁不邋遢，勤剪指甲常刷牙。饭前便会要洗手，干净卫生病菌跑。

作业：作业作业真重要，融会贯通少不了。课堂作业要及时，老师讲评用心记。课后作业认真做，字迹工整按时交。良好习惯需坚持，勤学苦练成绩棒。

礼仪：学习争先虽重要，文明礼仪更要好。人人都要讲礼貌，文明用语最重要。礼貌诚信好相处，爱护公物要做到。学校风气变美好，师生家长哈哈笑。

交通安全：交通安全很重要，遵守交规少不了。不在路上追逐闹，行走要走人行道。横穿马路斑马线，站稳脚步把灯瞧。一停二看三通过，莫与车辆去抢道。

乘车安全：文明乘车要发扬，排队上车风气尚。先下后上莫阻挡，上车坐好不逞强。身体不向窗外探，小手不向车外扬。垃圾莫向窗外丢，道路安全要保障。车辆停稳再下车，安全出行是榜样。

防溺水安全：预防溺水很重要，结伴游泳不要想。陌生水域不可靠，专业泳池安全强。水域旁边危险藏，家长陪护要跟上。伙伴溺水莫慌张，高声呼救人帮忙。切勿下水去施救，漂浮物体先用上。防溺措施要得当，六不一会记心上。

善雅教育书目

善雅教育书目

一年级		
序号	书名	作者
1	《猜猜我有多爱你》	(爱尔兰)麦克·山姆布雷尼文/(英)安妮塔·婕朗绘,梅子涵 译
2	《逃家小兔》	玛格丽特·怀兹·布朗文/克雷门·赫德绘/黄迺毓 译
3	《我有友情要出租》	方素珍 著,郝洛玟 绘
4	《石头汤》	(美)琼·穆特 著 阿甲 译
5	《勇气》	(美)伯纳德·韦伯编绘,阿甲 译
6	《我爸爸》	(英)安东尼·布朗 图/文 余治莹 译
7	《我妈妈》	(英)安东尼·布朗 图/文 余治莹 译
8	《棉婆婆睡不着》	廖小琴 著

二年级		
序号	书名	作者
1	《小鲤鱼跳龙门》	金近 著
2	《爱书的孩子》	方素珍 著
3	《小狗的小房子》	孙幼军 著
4	《一只想飞的猫》	陈伯吹 著
5	《神笔马良》	曹文轩 陈先云 主编
6	《獾的礼物》	苏珊·华莱 著
7	《外婆住在香水村》	方素珍 著,(德)索尼娅·达诺夫斯基 绘
8	《安的种子》	王早早 著

三年级		
序号	书名	作者
1	《安徒生童话》	(丹)安徒生著,叶君健 译
2	《稻草人》	叶圣陶 著
3	《夏洛的网》	(美) E·B·怀特 著
4	《窗边的小豆豆》	(日)黑柳彻子 著

5	《去年的树》	(日)新美南吉著,周龙梅,彭懿　译
6	《大林和小林》	张天翼　著
7	《绿野仙踪》	(美)弗兰克　著　陈伯吹　译
8	《苹果树上的外婆》	(奥)米拉·洛贝　著

四年级		
序号	书名	作者
1	《狼王梦》	沈石溪　著
2	《时代广场的蟋蟀》	(美)塞尔登著 / 傅湘雯　译
3	《爸爸的16封信》	林良　著
4	《总有一天会长大》	(挪威)蔼根　著　裴胜利　译
5	《亲爱的汉修先生》	(美)贝芙莉·克莱瑞　著 / 柯倩华　译
6	《一百条裙子》	(美)埃斯特斯　著,(美)斯洛博德金　绘,袁颖　译
7	《丰子恺儿童文学全集》	丰子恺　著
8	《宝船》	老舍　著

五年级		
序号	书名	作者
1	《哈佛家训》	(美)贝纳德　著
2	《列那狐的故事》	(法)季诺夫人　著
3	《斑羚飞渡》	沈石溪　著
4	《乌丢丢奇遇》	金波　著
5	《居里夫人的故事》	(英)杜尔利著,二栗　译
6	《秘密花园》	弗朗西丝著　米尔　译
7	《写给孩子看的寓言》	黄永玉　著
8	《斑羚飞渡》	沈石溪　著

六年级		
序号	书名	作者
1	《青铜葵花》	曹文轩　著
2	《爱的教育》	(意)亚米契斯　著
3	《小英雄雨来》	管　桦　著
4	《我们的母亲叫中国》	苏叔阳　著

5	《老人与海》	海明威 著
6	《骑鹅旅行记》	［瑞典］塞尔玛·拉格洛夫／著
7	《草房子》	曹文轩／著
8	《我与地坛》	史铁生 著

善雅教育晨曲

序号	曲名	词作者	曲作者
1	《中华人民共和国国歌》	田汉	聂耳
2	《中国少年先锋队队歌》	周郁辉	寄明
3	校歌《善雅之歌》	张明叁 秦泗海	王培林
4	《社会主义核心价值观之歌》	庄瑞明	蔡华
5	《中小学生守则之歌》	教育部	李绍彰
6	《感恩的心》	陈乐融	陈志远
7	《谢谢你》	周兵	李凯稠
8	《礼》	金放 哈辉	林海肖山
9	《真善美的小世界》	谢尔曼	谢尔曼
10	《友善歌》	车行	李昕
11	《中华善歌》	廖建中	陈一凡
12	《跪羊图》	李子恒	李子恒
13	《游子吟》	王敬新	孟文豪
14	《懂你》	黄小茂	薛瑞光
15	《你笑起来真好看》	周兵	李凯稠
16	《歌声与微笑》	王健	谷建芬
17	《让爱住我家》	麦玮婷	赵明
18	《乘着歌声的翅膀》	海涅	门德尔松
19	《天之大》	陈涛	王备
20	《听妈妈讲那过去的事情》	管桦	瞿希贤
21	《童心向党》	王子仑	张文
22	《劳动最光荣》	金近 夏白	黄准

23	《我是少年阿凡提》	孙涛	富林
24	《小溪流水响叮咚》	木青	尚疾
25	《雨花石》	肖仁　徐家察	龚耀年
26	《明天会更好》	李寿全	罗大佑
27	《少年》	梦然	梦然
28	《校园的早晨》	高枫	谷建芬
29	《在灿烂阳光下》	集体词、贺慈航执笔	印青
30	《咱们从小讲礼貌》	刘枫	李群
31	《我们要做雷锋式的好少年》	杨因	李群
32	《爱的奉献》	黄奇石	刘诗召
33	《祝福祖国》	清风	孟庆云
34	《我和你》	陈其纲	陈其纲
35	《百善孝为先》	友殿	友殿
36	《弟子规》	方文山	林迈克
37	《一分钱》	潘振声	潘振声
38	《明日歌》	钱鹤滩	贾轶男

中华人民共和国国歌

（义勇军进行曲）

1=G 2/4
进行曲速度

田 汉作词
聂 耳作曲

（1. 3 5 5 | 6 5 | 3. 1 5 5 5 | 3 1 | 5 5 5 5 5 5 | 1 ）0 5 |
起

1. 1 | 1. 1 5 6 7 | 1 1 | 0 3 1 2 3 | 5 5 |
来！不愿做奴隶的人们！把我们的血肉，

3. 3 1. 3 | 5. 3 2 | 2 - | 6 5 | 2 3 |
筑成我们新的长城！中华民族

5 3 0 5 | 3 2 3 1 | 3 0 | 5. 6 1 1 | 3. 3 5 5 |
到了最危险的时候，每个人被迫着发出

2 2 2 6 | 2. 5 | 1. 1 | 3. 3 | 5 - |
最后的吼声。起来！起来！起来！

1. 3 5 5 | 6 5 | 3. 1 5 5 5 | 3 0 1 0 | 5 1 |
我们万众一心，冒着敌人的炮火前进！

3. 1 5 5 5 | 3 0 1 0 | 5 1 | 5 1 | 5 1 | 1 0 ‖
冒着敌人的炮火前进！前进！前进！进！

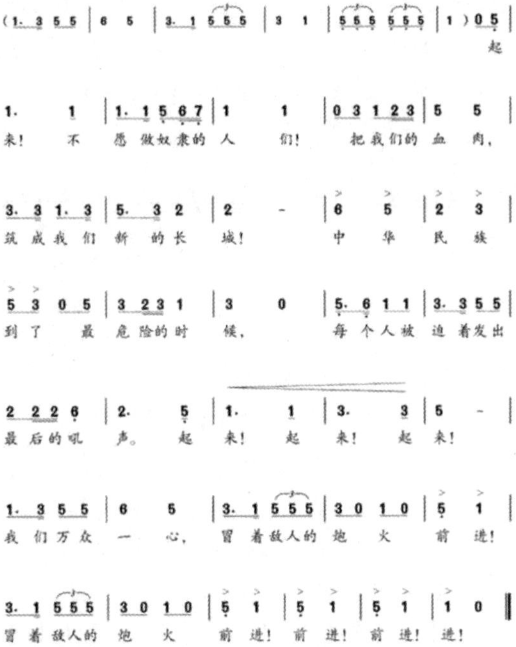

中国少年先锋队队歌

齐唱

1=♭B 2/4
精神饱满地

周郁辉词
寄 明曲

1 - | 5 3 | 1 2 | 3 5 | 6. 2 | 1 76 | 5 - | 5 55 | 3. 3 | 2 11 | 2. 1 | 3 57 |
1.2.我们是共产主义接班人，{继承/沿着}革命先辈的光荣{传/路

6 - | 6 12 | 30 50 | 0 6 | 4. 3 | 2 3 | 2. 1 | 23 5 | 1. 6 | 5. 6 | 3.2 1 | 1 - |
统，/程，}爱祖国，爱人民{鲜艳的红领巾飘扬在前胸。/少先队员是我们骄傲的名称。

5.5 1 | 1 0 | 3.3 6 | 6 0 | 5.5 6 | 3 0 | 6.5 43 | 2 - | 3. 2 | 1 1 | 2. 1 | 2.3 2 |
不怕困难，不怕敌人，顽强学习，坚决斗争，向着胜利{勇敢前进，
时刻准备，建立功勋，要把敌人，消灭干净，为着理想}

5. 4 | 3.3 23 | 5.5 56 | 5 55 | 1 - | 1. 2 | 3.3 21 | 2 0 | 3 56 | 3.3 21 | 60 70 | 1 - | 1 - ‖
向着胜利勇敢前进前进，向着胜利{勇敢前进，我们是共产主义接班人。
为着理想勇敢前进前进，为着理想}

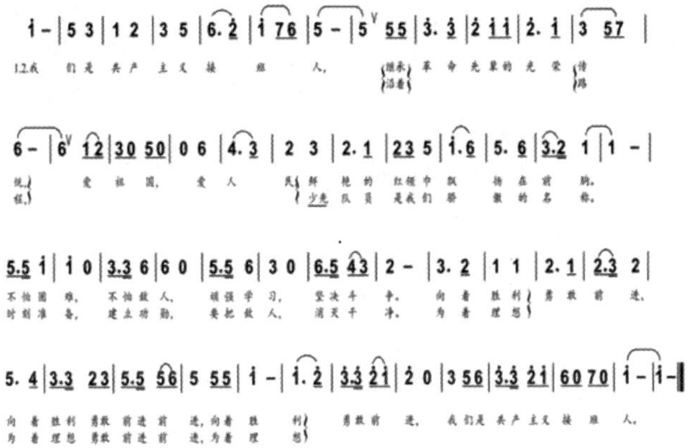

善雅之歌

——青岛西海岸新区海滨小学校歌

1=C $\frac{4}{4}$

自豪地

张明叁 秦泗海 词

王培林 曲

♩=103

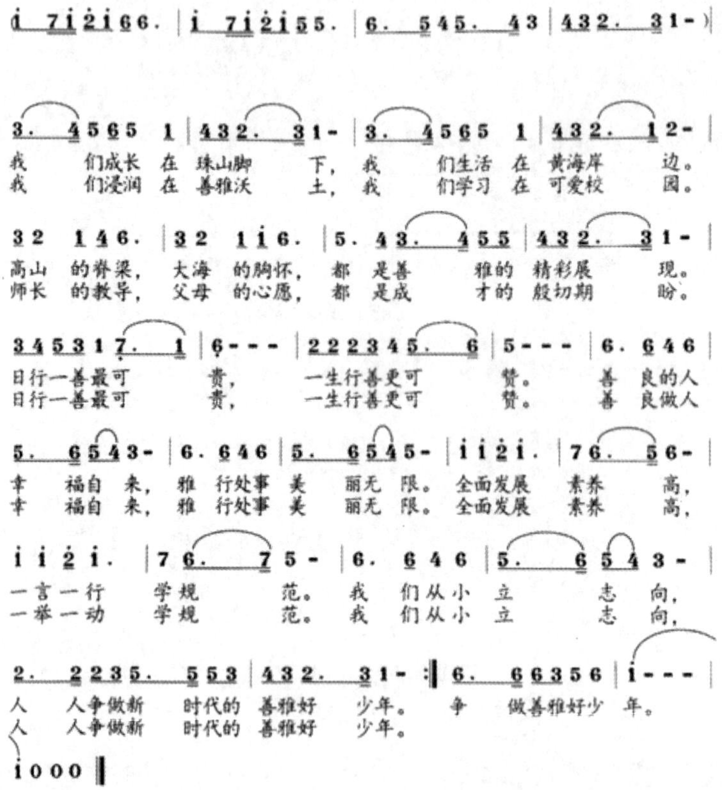

i 7i2i66. | i 7i2i55. | 6. 545. 43 | 432. 31-) |

3. 4565 1 | 432. 31- | 3. 4565 1 | 432. 12- |
我 们成长 在 珠山脚 下，我 们生活 在 黄海岸 边。
我 们浸润 在 善雅沃 土，我 们学习 在 可爱校 园。

32 146. | 32 1i6. | 5. 43. 455 | 432. 31- |
高山 的脊梁，大海 的胸怀，都 是善 雅的 精彩展 现。
师长 的教导，父母 的心愿，都 是成 才的 殷切期 盼。

345317. 1 | 6--- | 222345. 6 | 5--- | 6. 646 |
日行一善最可 贵，一生行善更可 赞。善 良的人
日行一善最可 贵，一生行善更可 赞。善 良做人

5. 6543- | 6. 646 | 5. 6545- | ii2i. | 76. 56- |
幸 福自 来，雅 行处事 美 丽无 限。全面发展 素养 高，
幸 福自 来，雅 行处事 美 丽无 限。全面发展 素养 高，

ii2i. | 76. 75- | 6. 646 | 5. 6543- |
一言一行 学规 范。我 们从小 立 志 向，
一举一动 学规 范。我 们从小 立 志 向，

2. 2235. 553 | 432. 31- :‖ 6. 66356 | i--- |
人 人争做新 时代的 善雅好 少年。争 做善雅好少 年。
人 人争做新 时代的 善雅好 少年。

i000 ‖

（2021.8.21）

走进新海滨 成就善雅人

——“善心雅行”教育理念下的海滨新姿态

青岛西海岸新区海滨小学 郭秀霞 窦婷婷

善，德之建也。
善小常为，与雅同行
一所 60 多年的老校
因善雅教育
焕发出新的生机与活力
季节更替，花谢花开
看善雅教育
镌刻的成长足迹

海滨小学是一所山东省规范化学校，她座落于美丽的峄山河畔，近年来，学校立足“善心雅行”教育特色，致力于创建一所“教育有个性、发展有特长、办学有风格”的优质特色学校。

科研筑梦 善雅先行

海滨小学地处城乡接合部，外来务工子女众多，学生学习基础、日常行为习惯千差万别，家庭教育水平参差不齐。为引领全校师生、家长不断成长，学校确立了“培根筑基兴校，善心雅行育人”的办学理念，让善良成为海滨小学师生做人的信念。2019 年 7 月学校申报了青岛市“十三五”规划课题“构建小学善雅教育育人体系的研究”，同年 12 月获批立项，2020 年 4 月举行了线上开题会并提交了中期研究成果。

善雅教育植根本土，依托校本教育生根发芽。学校以课题为引领，播撒真善美的种子，内善于心，外雅于形，旨在从小培养学生良好习惯，在学科教学、师生发展以及家校合作等方面构建育人体系。学校坚持“德智体美劳”五育并举，打造善雅好课堂、善雅好老师、善雅好少年、善雅好党员、善雅好家长，引导全体师生、家长“善良做人，雅行处事”，切实打造学校教育品牌，提高学校知名度和社会满意度。

一个生机勃勃、硕果累累的学习乐园

学校立足内涵发展和特色推进，在善雅教育的引领下，2019—2020 学年度取得了累累硕果。学校先后被评为“青岛市文明校园”“青岛市优秀家长学校”“青岛市中小学阳光校园(四星)”“青岛市高水平现代化学校”“全国青少年校园足球特色学校”“2019 青岛西海岸新区中小学生研究学习优秀组织奖”，学校特色活动多次被青岛电视台、青岛西海岸新区电视台西海岸传媒宣传报道。

近几年来，学校先后被评为黄岛区重竞技训练基地、青岛市现代化学校、青岛市语言文字示范学校、青岛市足球特色学校、青岛市艺术教育示范学校、青岛市养成教育示范学校、青岛市规范化学校、山东省规范化学校等荣誉称号。

一支乐业奉献、业务精良的教师队伍

学校在全力提高教育教学质量的同时，注重教师专业能力的培养。自 2014 年以来，学校先后分配了近 20 位青年教师，其中不乏英语、计算机、播音主持、音体美专业的佼佼者。

学校加大对青年教师的培养力度，为他们搭建了广阔的成长和展示的舞台，取得了傲人的成绩。近年来，40 余人次获区级以上各种荣誉称号：1 人获青岛市优秀教师称号，2 人获青岛市学科带头人称号，3 人获青岛市教学能手称号，1 人被评为青岛市最美教师，1 人被评为青岛名师，3 人获青岛西海岸新区优秀青年人才称号，2 人获青岛西海岸新区教学能手称号，7 人获区优秀教师称号，3 人获区优秀班主任称号，1 人获区优秀共产党员称号，3 人获区优秀少先队辅导员称号，1 人获区巾帼标兵称号，6 人被选为区学科中心教研组成员。16 人次出示过青岛市公开课、城乡交流课、名师开放课、研究课，5 人获青岛市优质课一、二等奖，18 人次获区优质课比赛一、二等奖，5 人次出示区级研究课，30 余节课例被评为省、市、区级优课，13 节微课在国家、省、市、区获奖，9 人次在市、区级教研活动中进行经验交流，30 余篇论文在国家级刊物上发表。

近几年来，教师申报、立项教科研课题 3 项，其中省级课题 2 项、市级课题 1 项，形成了“以研兴校，以研促教”的浓厚科研氛围。

一群多才多艺、品学兼优的善雅好少年

妙趣横生的课堂，异彩纷呈的校园读书节、科技节、艺术节，融入生活的劳动教育……优良的学风、多彩的活动，培养了多才多艺、品学兼优的善雅好少年。近年来，在区、市研究性学习、学科素养大赛、“区长杯”足球比赛、书法大赛、航模建模、快乐科技秀等 60 多项比赛中，有 500 多人次获奖。在 2016—2021 年，学生的研究性学习连续被评为区、市级一等奖。2016 年男子足球队参加了青岛市“可口可乐-市长杯”足球联赛，夺得了亚军的优异成绩。2017 年女子足球队首次参加“区长杯”比赛，荣获第五名的好成绩。2018 和 2019 年，分别荣获“区长杯”第四名、第五名的好成绩。

2020 年，海滨女足 8 人全都以骄人的足球成绩被特招进理想的中学。张梦瑜、夏睿、代艺雯 3 人通过了西海岸新区第六初级中学足球后备人才的选拔。陈海欧、牛爱超、邱婷、王丹岑、郑海薇 5 人通过了西海岸新区弘文学校足球后备人才的选拔。短短几年时间，学校向上一级学校足球运动队共输送了 15 名优秀足球运动员，向山西省专业队输送了 1 名优秀足球运动员。

一群关心学生、支持学校的善雅好家长

风雨中值勤、家长进课堂、餐厅里陪餐，运动会和研学维持秩序……处处可见家长们奉献的身影；亲子阅读、亲子实践活动、亲子家务劳动……时时可见家长们参与学校活动的身影。疫情肆虐，爱心家长送来防疫物资，这是家长们对学校、对孩子的无私大爱；毕业典礼上束束鲜花、荣誉室里面面锦旗，这是家长们对学校、对老师的充分肯定和最高赞美。

学校的发展、学生的进步，一切精彩的背后，都是因为有着一群可爱的

人：他们有繁忙的工作、有繁琐的家务，但当学校需要、学生需要的时候，他们义无反顾！这群可爱的人——就是海滨小学的家长。

无数支持教育、关爱学生的热心人

学校的蓬勃发展，也离不开社会各界的关心支持。2019 年 10 月，袁家村村委投资 30 多万元为学校改建了标准化的厕所；2020 年六一儿童节，孩子早已从小学毕业的爱心企业家送来爱心跳绳等用品，隐珠管委送来爱心牛奶；区关工委组织老党员、老干部来到海滨小学，与孩子们一起庆"七一"，调研节约教育，六一节看望少年儿童，关心、支持学校发展和学生成长。

善行天下，爱满校园。家是温暖的地方，家中有最爱的亲人。在海滨小学这个大家庭中，因为有循循善诱的善雅老师、因为有积极向上的善雅少年、因为有甘于奉献的善雅家长、因为有热心助学的善雅爱心人士，所以海滨小学才更加温暖、更加温馨。

"雄关漫道真如铁，而今迈步从头越"，团结务实、勇于开拓的海滨人，用智慧和汗水铸就辉煌。学校将继续追求止于至善的办学境界，与善为伍，与雅同行，抓住机遇，传承创新，乘风破浪，扬帆远航，使校园成为师生共同成长的乐园。

德从善中来
雅需正中行
做最好的老师
做最好的家长
培养最好的学生
……
就是做最好的教育

善雅教育掠影

学校创建并践行“沐善润德”德育品牌，一进校门，善雅石上“善心雅行”是海滨师生们为人处事所秉持的理念。

学校北侧的善雅楼，“善雅”二字掩映在金黄的银杏叶中。

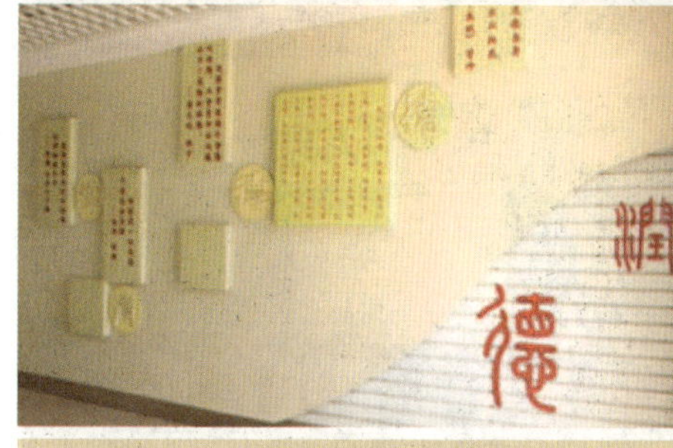

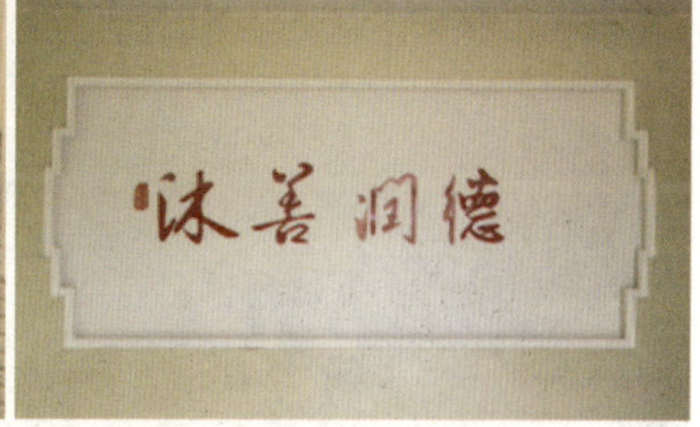

学校善雅楼西侧大厅以“沐善润德”德育品牌为主题，展示“善”和“德”的相关格言名句，在耳濡目染中提升道德修养。

区关工委、教体局领导多次来学校调研，指导学校发展。

运动会上，发令枪响起，运动员似离弦的箭冲出去。

信息技术课上，一名学生编程展示的红心，正映衬了学校“善心雅行”的理念。

海滨小学举行“党史学习教育驿站”揭牌暨“学党史感党恩跟党走争做新时代善雅好少年”主题教育启动仪式

以“师德教育月”为载体，开展教师宣誓、“善雅好老师”表彰等活动。

校园文化，展现“善心雅行”教育理念。

善雅教育书画

青取之於藍而青於藍冰水為之而寒於水木直中繩輮以為輪其曲中規雖有槁暴不復挺者輮使之然也故木受繩則直金就礪則利

節錄荀子勸學篇一則己亥李佳浩書

荀子劝学　李佳浩　指导老师毕清林

為善而欲自高勝人施恩而欲要結好脩業而欲驚世駭俗植節而欲標異見奇此皆是善念中戈矛理路上荊棘冣易夾帶冣難拔除者也須是

滌盡渣滓斬絕萌芽才見本來真體　節選菜根譚歲次己亥立夏高承永書

菜根谭　高承永　指导老师毕清林

紅軍不怕遠征難萬水千山衹等閑五嶺逶迤騰細浪烏蒙磅礴走泥丸金沙水拍雲崖暖大渡橋橫鐵索寒更喜岷山千里雪三軍過後盡開顏

七律長征董開敏書

七律长行　董开敏　指导老师毕清林

三更燈火五更雞正是男兒讀書時黑髮不知勤學早白首方悔讀書遲

顏真卿勸學詩張文靜書

劝学诗　张文静　指导老师毕清林

井冈山会师　逄惠茜　指导老师张秀玲

和谐中国　鞠睿　指导老师张秀玲

清赏　薛金岭

渣济印象　陈霞

红楼桥　陈霞

后　记

走宽素质教育路，全面发展育新人。近年来，青岛西海岸新区海滨小学坚持文化立校、科研兴校，积极打造善雅教育特色，结合学校承办的青岛市教育科学规划课题“构建小学善雅教育育人体系的研究”，稳步实施，有序推进，立足走新、走活、走实。广大师生行善立德、学雅养正蔚然成风。本书编写的就是我校广大师生和家长在善雅教育中的心得和体会，旨在积极传播善雅好故事。

在本书编写过程中，我们得到了区教育和体育局领导、社会各界人士和教育专家的点拨和教益，特别感谢秦泗海老师、王培林老师和青岛北琪实业有限公司的大力支持和帮助。

坚持为党育人，为国育才，永不满足，不懈奋斗，我们将不断丰富和完善善雅教育内涵，真正把为学、为事、为人统一起来，当好学生成长的引路人，办好老百姓家门口的学校，为培养德智体美劳全面发展的社会主义建设者和接班人，全面建设社会主义现代化国家不断作出新贡献！

欢迎社会各界对学校发展和书中所述给予批评指正。

《善雅之道》编委会

2021 年 9 月